즉석에서 바로바로 활용하는

일상생활

프랑스어
첫걸음

즉석에서 바로바로 활용하는

일상생활 프랑스어 첫걸음

저 자 김정란

발행인 고본화

발 행 반석출판사

2019년 1월 10일 개정 2쇄 인쇄

2019년 1월 15일 개정 2쇄 발행

홈페이지 www.bansok.co.kr

이메일 bansok@bansok.co.kr

블로그 blog.naver.com/bansokbooks

07547 서울시 강서구 양천로 583. B동 1007호

(서울시 강서구 염창동 240-21번지 우림블루나인 비즈니스센터 B동 1007호)

대표전화 02) 2093-3399 **팩 스** 02) 2093-3393

출 판 부 02) 2093-3395 **영업부** 02) 2093-3396

등록번호 제315-2008-000033호

Copyright ⓒ 김정란

ISBN 978-89-7172-861-1 (13760)

즉석에서 바로바로 활용하는

일상생활
프랑스어
첫걸음

Bansok

Préface 머리말

유럽연합을 이끄는 강대국 프랑스, 낭만과 예술의 도시 파리, 언젠가 한번은 꼭 가보고 싶은 꿈의 여행지. 그러나 영어로 물으면 대답도 잘 안 해준다는 프랑스인들. 물론 세상이 바뀌고 영어의 힘이 지대해지면서 프랑스 젊은이들 중에는 자신의 영어 실력을 뽐내기 위해 동양인이 프랑스어로 물어도 영어로 대답하는 사람이 있지만, 프랑스를 여행하기 위해서는 어느 정도 그들의 언어를 구사할 수 있으면 더욱 많은 것을 얻고 배울 수 있는 것은 당연한 일입니다. 또한 최근 경제적으로 관심을 끌고 있는 아프리카의 나라들과 무역을 하거나 그곳을 여행할 때 프랑스어는 필수불가결한 요소가 됩니다.

이에 우리는 영어가 통하지 않는 곳에서 좀 더 자유롭게 의사소통하며 다른 문화를 접하고, 더욱 풍요로운 삶을 꿈꾸는 이들을 위해 이 책을 준비하게 되었습니다. 이 책은 우리가 현지에서 마주칠 수 있는 모든 상황에서 정확한 프랑스어를 구사할 수 있도록 꾸며졌습니다.

내용 면에서도 일상생활이나 여행 및 비즈니스 등 다양하게 구성되었으며, 프랑스어를 이미 아는 분들뿐만 아니라 초급자들도 쉽게 찾아서 활용할 수 있도록 한글로 독음을 달았습니다. 같은 뜻을 가지는 여러 표현들을 표시하여 일어날 수 있는 돌발적인 상황에 대처하게 하였을 뿐만 아니라, 무료 동영상 강의를 통해 그중 꼭 익혀두면 좋은 표현들을 추려서 학습할 수 있도록 하였습니다. 요약하면 이 책의 특징은 다음과 같습니다.

★ 장면별 구성으로 어느 상황에서든 유용하게 쓸 수 있는 사전식 구성
★ 일상생활에서 흔히 접하는 2,000여 회화표현 엄선, 수록
★ 프랑스어 초보자도 쉽게 접근할 수 있도록 한글로 발음 표시
★ 이 책 한권으로 초급부터 중급 프랑스어 회화 마스터

바라건대 이 책이 프랑스어가 필요한 모든 분들에게 자그마한 도움이 되었으면 합니다.

김정란

Contenus 차례

본문 일러두기

1. 기초적인 상황별 일상회화이기에 주로 사용된 인칭은 2인칭인 '당신 vous[부]'와 1인칭 단수 '나 je[쥬]'입니다.

2. 프랑스어는 존댓말과 반말이 있기 때문에 2인칭 중 반말이 아닌 존댓말 '당신 vous'을 중심으로 문장을 구성하였습니다.

3. 프랑스어는 의문문을 만드는 방법이 3가지가 있는데 그중 예의를 갖춘 형식으로 '도치형'을 주로 사용하였고, 때에 따라 발음상 더 편한 형태를 선택하기도 하였습니다.
   - Vous voulez~? 부불레 ↔ Voulez-vous~? 불레부
   - Je peux~? 쥬쁴 ↔ Puis-je~? 쀠쥬

4. 본문의 독음은 가능한 한 프랑스어 발음에 가깝게 한국어로 표기를 하였습니다.

5. 발음 시 특히 조심해야 할 것은 단어 끝의 불필요한 음절을 만들지 않는 것입니다. 한국어로 독음을 쓰다 보니 어쩔 수 없이 실제 하지 않는 가상의 음절을 표기하게 되는데 이럴 경우 녹음된 실제 발음을 듣고 구별하시기 바랍니다.
   - magnifique 마니피끄 → 마니픽
   - musique 뮈지끄 → 뮈직

6. 음절 연결 표시는 한 단어씩 끊지 않고, 실제 발음을 참작하여 읽기 편하게 분절하여 독음표시를 하였습니다.
   - Il y a un livre 일 리 아 앵 리브흐 → 일리아 앵리브흐

7. 프랑스어는 형용사와 명사의 성(남 / 여)을 구별해줘야 합니다. 이에 남성형을 기본으로 하고 여성형은 괄호 안에 발음과 함께 표시하였습니다.
   - content(e) 꽁떵(뜨)

8. 본 책에는 원어민이 녹음한 mp3파일 CD가 부착되어 있습니다. 한글로 표기된 발음에 의존하지 말고 반드시 원어민 발음을 들으면서 프랑스어를 익히셔야 합니다. 또한 독자들의 편의를 돕기 위해 핵심문장(본문에 하이라이트 처리)들을 뽑아 설명한 저자 직강 동영상 해설 강의를 무료로 제공합니다.(www.bansok.co.kr)

프랑스어의 자모와 발음

① alphabet 알파베

A a à â	[ɑ 아]	N n	[ɛn 앤]
B b	[be 베]	O o ô	[o 오]
C c ç	[se 쎄]	P p	[pe 뻬]
D d	[de 데]	Q q	[ky 뀌]
E e é è ê ë	[ə 으]	R r	[ɛr 애흐]
F f	[ɛf 애프]	S s	[ɛs 애쓰]
G g	[ʒe 줴]	T t	[te 떼]
H h	[aʃ 아슈]	U u ù û ü	[y 위]
I i ï î	[i 이]	V v	[ve 베]
J j	[ʒi 쥐]	W w	[dubləve 두블르베]
K k	[ka 꺄]	X x	[iks 익스]
L l	[ɛl 앨]	Y y	[igrɛk 이그헥끄]
M m	[ɛm 앰]	Z z	[zɛd 재드]

1. 영어와 달리 프랑스어는 악썽(accent)이 붙은 철자가 있습니다. 프랑스어의 악썽은 철자의 일부분으로 인식합니다. 즉, 악썽이 붙은 모음과 붙지 않은 모음이 포함된 단어는 다른 단어입니다.

2. 단, e에 악썽이 붙으면 [에 / 애]라고 발음합니다.
   - a [아] 가지다(= has), à [아] ~에, ~로(= to, at, in)
   - ou [우] 또는, où [우] 어디
   - me [므] 나를, mère [메흐] 어머니

② 실제 발음

1. 프랑스어는 발음하기가 그리 어렵지 않습니다. 알파베를 읽는 것처럼 발음하고 어떤 모음과 모음이 만나거나 자음과 자음이 만났을 때 발음이 달라지는 조합 규칙을 익히고 그대로 발음하면 됩니다.

2. 프랑스어는 대부분 단어의 끝자음을 발음하지 않습니다. → Paris [빠히] 파리

A a à â	[ɑ 아] ▪ ta [따] 너의, à [아] ~에, ~로
B b	[b 브] ▪ bébé [베베] 갓난아기, bas [바] 낮은
C c ç	① [k 끄] : a, o, u, 자음 앞, 단어 끝 ▪ café [까페] 카페, coq [꼭] 수탉, cube [뀝] 정육면체, clé [끌레] 열쇠, 　sac [싹] 가방 ② [s 쓰] : e, i, y 앞 / ç ▪ ceci [쓰씨] 이것, cycle [씨끌] 순환, ça[싸] 이것, 저것
D d	[d 드] ▪ dos [도] 등
E e	[ə 으, e 에, ɛ 애] ▪ le [르] 그것을, 정관사 남성단수, avec [아벡] ~와 함께
é	[e 에] : 닫힌 [에], 음절이 끝날 때 ▪ télévision [뗄레비지옹] 텔레비전
è ê ë	[ɛ 애] : 열린 [애], 한 음절에서 뒤에 발음될 것이 있을 때 ▪ père [뻬흐] 아버지, bête [벳] 바보, 짐승, Noël [노엘] 크리스마스
emm	[am 암] : m이 두 개 겹친 앞에서 e는 [아]로 발음된다. ▪ femme [팜] 여자, différemment [디페하멍] 다르게
F f	[f 프] : 영어처럼 아래 입술을 살짝 물고 발음한다. ▪ France [프헝쓰] 프랑스, fort [포흐] 강한
G g	① [g 그] : a, o, u, 자음 앞, 단어 끝 ▪ garçon [갸흐쏭] 소년, gomme [곰] 지우개, zigzag [지그작] 지그재그 ② [ʒ 쥬] : e, i, y 앞 ▪ genou [쥬누] 무릎, gymnastique [짐나스띡] 체조
H h	① 묵음 : 어느 경우든 h는 소리 나지 않는다. ▪ cahier [까이에] 공책 ② 사전에서 h로 시작하는 단어앞에 '+'가 있으면 유음, 없으면 무음이다. 　+ h = 유음 : 자음으로 취급된다. 　　h = 무음 : 모음으로 취급되므로 축약하거나 연음해야 한다. ▪ l'homme [롬] 남자, les hommes [레좀] 남자들 ▪ le héros [르에호] 영웅, les héros [레에호] 영웅들
I i ï î	[i 이] ▪ midi [미디] 낮 12시
J j	[ʒ 쥬] ▪ je [쥬] 내가

K k	[k 끄] ▪ kiosque [끼오쓰끄] 정자, 가두판매대
L l	[l 르] ▪ loto [로또] 복권
M m	[m 므] ▪ monologue [모노로그] 독백
N n	[n 느] ▪ nu [뉘] 벗은
O o ô	[o, ɔ 오] ▪ dodo [도도] 잠, 자장자장
P p	[p 쁘] ▪ papi [빠삐] 할아버지
Q q	[k 끄] ▪ cinq [쌩끄] 5
R r	[r 흐(목젖을 울려서)] ▪ riz [히] 쌀, 밥
S s	① [s 쓰] ▪ soja [쏘쟈] 콩, 대두 ② [z 즈] 모음과 모음 사이에 S가 혼자 있을 때, 연음될 때 ▪ case [까즈] 칸, 사각형, les amants [레자멍] 연인들
T t	[t 뜨] ▪ tata [따따] 아줌마
U u ù û ü	[y 위] 발음 후 입술을 벌리지 않음 ▪ tu [뛰] 네가
V v	[v 브] 아래 입술을 물고 ▪ vive [비브] 만세
W w	[v 브] 아래 입술을 물고 / [w 우] ▪ wagon [바공] 기차, week-end [위껜드] 주말
X x	① [ks 크스] ▪ taxi [딱씨] 택시, expression [엑스프헤씨옹] 표현, ② [gz 그즈] ▪ examen [엑자멩] 시험 ③ [s 쓰] ▪ soixante [수아썽뜨] 60 ④ [z 즈] ▪ sixième [시지엠] 여섯 번째

Y y	[i, j 이] ▪ pyjama [삐쟈마] 잠옷
Z z	[z 즈] ▪ zéro [제호] 0

❸ 발음조합규칙

1. ai / ay / au

① ai [애]	mais [매] 그러나, aimé [애메] 사랑받는
② ay [애이]	pays [빼이] 나라
③ au / eau [오]	café au lait [까페올래] 밀크커피, eau [오] 물, bateau [바또] 배

2. oi / oy / ou

① oi [우아]	moi [무아] 나, poisson [뿌아쏭] 생선
② oy [우아이]	voyage [부아야쥬] 여행
③ ou [우]	pour [뿌흐] 위하여

3. ei / -ez / eu

① ei [애]	la neige [라네쥬] 눈(雪)
② -ez / -et / -er [에]	assez [아쎄] 충분히, alphabet [알파베] 자모, donner [도네] 주다
③ eu / œu [외 / 왜]	peu [쁘] 거의 없는, peur [빼흐] 두려움, sœur [쐐흐] 누이

4. ill

① ill [이으]	fille [피으] 딸, famille [파미으] 가족

5. gu / gn / qu

① gu [그]	baguette [바게뜨] 막대기
② gn [뉴]	signal [씨냘] 신호
③ qu [끄]	qui [끼] 누구, quand [껑] 언제

6. ch / ph

① ch [슈]	cheval [슈발] 말(馬), chat [샤] 고양이
② ph ['f' 처럼]	photo [포또] 사진

4 자음이 r와 함께 쓰일 때 격음화

프랑스어의 자음은 쌍자음(경음)으로 발음되지만 다음의 경우, r와 함께 쓰일 때는 격음으로 소리 냅니다.

① cr [ㅋㅎ]	crayon [크해용] 연필, croissant[크후아썽] 초승달, 초승달 모양의 빵
② pr [ㅍㅎ]	prix [프히] 가격, 상 prêt-à-porter [프헤따보흐떼] 기성복
③ tr [ㅌㅎ]	très [크헤] 매우, trop [트호] 너무, 지나치게

5 비음(n이나 m으로 음절이 끝날 때)

① an / am, en / em [엉]	enfant [엉펑] 아이, maman [마멍] 엄마
② on / om [옹]	bon [봉] 좋은, nom [농] 이름, non [농] 아니다
③ 다른 모음+n / m [앵]	un [앵] 1, parfum [파흐팽] 향수, impossible [앵뽀씨블] 가능한 pain [뺑] 빵, symbole [쌩볼] 상징
④ oin [우앵]	moins [무앵] 덜, soin [쑤앵] 배려, 돌봄

6 연음과 축약

1. 무음 e(또는 la) + 모음(또는 무음 h)일 경우 앞의 모음이 생략되는 것을 모음 생략 또는 모음 축약이라 합니다.
   - la amie → l'amie [라미] 여자 친구
   - le ami → l'ami [라미] 남자 친구
2. 프랑스어는 단어 끝 자음이 발음되지 않지만 뒤에 따라 나오는 철자가 모음일 경우 연음되어 끝 자음이 발음될 수 있습니다.
   - les amis [레자미] 친구들
3. 연음 시 발음이 달라질 수 있습니다.
   - dix enfants [디정펑] 10명의 아이들
   - neuf ans [뇌벙] 10살, 10년
   - quand il pleut [껑띨쁠뢰] 비가 올 때

핵심문장
동영상강의

Partie 1

자연스러운 만남의 표현

프랑스 사람과 만나면 Bonjour. Ça va?(끝을 올려서 발음, 안녕하세
요. 잘 지내세요?) Oui, ça va.(끝을 내려서 발음한다.) Et vous?(예.
잘 지내요. 당신은요?) Ça va.(잘 지냅니다.)라고 간단하게 인사합니다.
이처럼 프랑스어는 영어보다 말하기가 더 쉽습니다. 평서문의 끝을 올
리면 의문문이 되고, 내리면 그것에 대한 대답이 되기 때문입니다. 자
연스런 만남의 기본은 인사입니다. 가볍지만 절대 소홀히 해서는 안 되
는 것이 인사입니다.

Chapitre 01 일상적인 만남의 인사

해가 있는 동안 만날 때 하는 인사는 Bonjour(봉쥬흐, 좋은 날), 해가 지면 Bonsoir(봉수아흐, 좋은 저녁)입니다. 영어와 달리 Bon après-midi(본나프헤미디, 좋은 오후 보내세요)는 헤어질 때 사용합니다. 또한 '어떻게 지내세요?'라는 뜻이 Comment allaz-vous?라는 표현도 꼭 기억해 두세요.

Unité 1 일상적인 인사를 할 때

⚙ **안녕하세요!** (아침, 오후에 만날 때 하는 인사)
Bonjour!
봉쥬흐

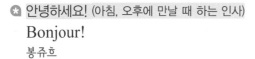
> 오후에 만나도 해가 있을 때는 Bonjour~라고 인사한다.

⚙ **안녕하세요!** (저녁에 만날 때 하는 인사)
Bonsoir!
봉수아흐

⚙ **안녕!** (친한 사람끼리, 만날 때와 헤어질 때 다 사용 가능)
Salut!
쌀뤼

⚙ **잘 지내세요?**
Ça va?
싸바

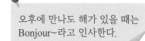
> 의문문은 평서문의 끝을 올려서 발음한다.

⚙ **어떻게 지내십니까?**
Comment ça va?
꼬멍싸바

> Comment(어떻게)라는 의문사와 함께 사용 가능

✿ 당신 잘 지내시나요?

Vous allez bien?

부잘레비앵

✿ 주말에 뭐 하셨어요?

Qu'est-ce que vous avez fait le week-end dernier?

께스끄부자베페 르위껜데흐니에

✿ 주말 잘 보내셨어요?

Avez-vous passé un bon week-end?

아베부 빠쎄 앵본위껜드

Unité 2 우연히 만났을 때

✿ 아니 이게 누구야!

Regardez-moi qui est là!

흐갸흐데무아 끼에라

✿ 세상 정말 좁군요!

Que le monde est petit!

끄 르몽드에쁘띠

문장 앞에 que를 붙여
감탄문을 만들 수 있다.

✿ 어기에서 당신을 만나다니 뜻밖이네요!

Quelle surprise de vous voir ici!

껠쉬흐프리즈 드부부아흐 이씨

✿ 이곳에서 당신을 보리라곤 생각도 못했어요.

Je ne pensais pas de vous voir ici.

쥬느뻥쎄빠 드부부아흐 이씨

✿ 마침 당신 얘기를 하고 있었어요.

Justement on est en train de parler de vous.

쥐스뜨멍 온네떵트행드 빠흘레드부

☺ 어떤 일로 여기에 오셨나요?

Quel bon vent vous ammène ici?

껠봉벙부자멘 이씨

☺ 우리 전에 만난 적이 있지 않나요?

On ne s'est pas vus avant?

옹느쩨빠뷔 아벙

Unité **3** 안녕을 물을 때

☺ 어떻게 지내세요?

Comment allez-vous?

꼬멍딸레부

직역을 하면, '당신은 어떻게 가고
계세요?' 인데, aller 동사가 근황을
묻는 표현으로 사용되기 때문에,
'어떻게 지내세요?' 라는 의미가 된다.

☺ 안녕하신가요?

Comment vous portez-vous?

꼬멍 부뽀흐떼부

☺ 무슨 일이 있으세요?

Qu'est-ce qui se passe?

께스끼스빠스

☺ 당신께 무슨 일이 있나요?

Qu'est-ce qui vous arrive?

께스끼부자히브

<대명사 + (모음으로 시작하는)
동사>는 꼭 연음하고 축약해야 한다.

☺ 당신 무슨 일로 그러세요?

Qu'est-ce qui vous prend?

께스끼부프헝

☺ 당신 무슨 일 있으세요?

Qu'est-ce que vous avez?

께스끄부자베

✿ 뭐가 잘 안되나요?

Qu'est-ce qui ne va pas?

께스끼느바빠

✿ 안녕, 어떻게 지내니?

Salut, comment ça va?

쌀뤼, 꼬멍싸바

✿ 별일 없으세요?

Quoi de neuf?

꾸아 드 뇌프

> neuf / nouveau는 '새로운'의 뜻을 가진다. 영어의 What's up? What's new?와 같은 표현이다.

✿ 새로운 소식이 있나요?

Quoi de nouveau?

꾸아 드누보

✿ 요즘 어떻게 지내세요?

Que devenez-vous ces jours-ci?

끄 드브네부 쩨쥬흐씨

Unité 4 오랜만에 만났을 때

✿ 오랜만입니다.

Ça fait longtemps.

싸페롱떵

✿ 여전하십니다.

Vous n'avez pas du tout changé.

부나베 빠뒤뚜 셩줴

> pas du tout는 '전혀'라는 의미로 영어의 not at all과 동일한 표현이다.

✿ 누구시더라?

Est-ce que je vous connais?

에스끄 쥬부꼬네

✿ 다시 만나서 반갑습니다.

Ravi(e) de vous revoir.

하비 드부 흐부아흐

> ravi(e): 괄호 안의 'e'는 말하는
> 사람이 여성임을 표시한다.
> 발음은 남성과 여성이 동일하다.

✿ 당신의 이름이 생각나지 않습니다.

Votre nom m'échappe.

보트흐농메샤쁘

✿ 당신의 이름을 기억하지 못합니다.

Je ne me rappelle pas votre nom.

쥬느므하뻴빠 보트흐농

✿ 세월이 참 빠르군요!

Que le temps passe vite!

끄르떵빠쓰비뜨

✿ 보고 싶었습니다.

Vous me manquez.

부므멍께

> manquer가 '부족하다'는 뜻이어서,
> '당신이 내게 부족하다' 그래서 '나는
> 당신이 그립다'라는 의미가 된다.
> 주어와 목적어의 위치에 조심하자.

✿ 당신을 여기에서 만날 줄은 전혀 몰랐습니다.

Je ne m'attendais guère à vous rencontrer ici.

쥬느마떵데게흐 아부헝꽁트헤 이씨

Unité 5 가족의 안부를 물을 때

✿ 가족들은 모두 안녕하신지요?

Chez vous, tout le monde va bien?

쉐부, 뚤르몽드 바비앵

> tout le monde는 '모든 사람'의
> 뜻이지만, le monde는 '세상,
> 지구'의 의미이며, tout이 대명사로
> 단독 사용하면 '모든 것'의 뜻이다.

✿ 집안은 무고하십니까?

Chez vous, tout va bien?

쉐부, 뚜바비앵

✿ 모두 어떻게 지내시나요?

Comment va tout le monde?

꼬멍바 뚤르몽드

✿ 가족 모두가 잘 지내시기를 바랍니다.

J'espère que toute la famille va bien.

제스뻬흐 끄뚜뜨라파미으 바비앵

espérer 희망하다

✿ 당신 모든 가족이 잘 지내시나요?

Toute votre famille va bien?

뚜뜨보트흐파미으 바비앵

✿ 당신 부모님들은 어떻게 지내시나요?

Comment vont vos parents?

꼬멍봉 보빠헝

✿ 그는 어떻게 지냅니까?

Comment va-t-il?

꼬멍 바띨

't'는 도치의문문에서 모음
충돌을 방지하기 위해 침가된다.

✿ 제 대신 안부 전해 주세요.

Dites bonjour de ma part.

디뜨봉쥬흐 드마빠흐

Chapitre 02 소개할 때의 인사

처음 만났을 때, 소개 받았을 때는 평상시 인사하는 것처럼 Bonjour라고 인사하거나 enchanté(엉성떼)라고 하시면 됩니다. 프랑스어에는 존댓말과 반말이 있으므로 처음 만날 때는 존댓말을 사용하는 것이 좋습니다.

Unité 1 처음 만났을 때

🌸 처음 뵙겠습니다.
Enchanté(e).
엉성떼

> 괄호 안의 (e)는 화자가 여성임을 표시하며, 발음은 남성과 여성이 동일하다.

🌸 반갑습니다.
Ravi(e).
하비

> r(ㅎ) 발음은 우리말의 [ㅎ]와 달리 목젖을 울려서 소리 낸다.

🌸 당신을 알게 되어 기쁩니다.
Ravi(e) de vous connaître.
하비 드부꼬네트흐

🌸 당신을 알게 되어 만족합니다.
Je suis content(e) de faire votre connaissance.
쥬쉬꽁떵(뜨) 드페흐 보트흐꼬네썽쓰

> 화자가 남성이면 content[꽁떵], 여성이면 contente[꽁떵뜨]라 발음한다.

🌸 만나게 되어 반갑습니다.
Heureux(se) de vous rencontrer.
외회(즈) 드부 헝꽁트헤

> 화자가 남성이면 heureux[외회] 여성이면 heureuse[외회즈]로 발음한다.

🌸 당신을 만나 뵙게 되어 영광입니다.
J'ai l'honneur de vous rencontrer.
줴로놰흐 드부 헝꽁트헤

Unité 2 자신을 소개할 때

❂ 제 소개를 해도 될까요?
Permettez-moi de me présenter.
뻬흐메뜨무아 드므프헤정떼

Permettez-moi는 '저에게 허락해 주세요'라는 뜻으로 좀 더 공손한 표현을 이끈다.

❂ 제 소개를 하겠습니다.
Je me présente.
쥬므프헤정뜨

이름을 말할 때는 Je m'appelle~이라고 하는데, '나는 나를 ~라고 부른다' 또는 '나는 ~로 불린다'는 뜻이다. 이처럼 주어와 같은 인칭의 대명사를 사용하는 동사를 대명동사라 부른다.

❂ 반갑습니다. 저는 김미라입니다.
Enchantée. Je m'appelle Mira Kim.
엉셩떼. 쥬마뻴 미라김.

❂ 저는 미혼입니다.
Je suis célibataire.
쥬쉬 쩰리바떼흐

Je suis~는 '저는 ~입니다'라는 뜻으로, 이름을 말하거나 국적 등 자신의 상태를 표현할 때 사용한다.

❂ 저는 결혼했습니다.
Je suis marié(e).
쥬쉬 마히에

❂ 저는 부모님과 함께 살고 있습니다.
Je vis avec mes parents.
쥬비 아벡메빠헝

❂ 저는 외동딸입니다.
Je suis (une) fille unique.
쥬쉬 (윈)피으 위니끄

❂ 저는 외동아들입니다.
Je suis (un) fils unique.
쥬쉬 (쟁)피쓰 위니끄

Unité 3 소개시킬 때

☘ 제 친구를 소개합니다.

Je vous présente mon ami(e).

쥬부 프헤정뜨 모나미

> 내 친구란 뜻의 mon ami(e)는
> 발음은 동일하고 여자 친구일
> 때 'e'를 덧붙여야 한다.

☘ 제 친구를 소개해도 될까요?

Puis-je vous présenter mon ami(e)?

쀠쥬 부프헤정떼 모나미

☘ 마르땡 씨를 소개해 드리겠습니다.

Permettez-moi de vous présenter Monsieur Martin.

뻬흐메떼무아 드부프헤정떼 므슈마흐땡

☘ 당신께 마담 김을 소개해 드리고 싶습니다.

J'aimerais vous faire connaître Madame Kim.

젬므해 부페흐꼬네트흐 마담김

☘ 이 분이 제 직장 동료 피에르입니다.

C'est mon collègue Pierre.

쎄몽꼴레그 삐에흐

☘ 여기 제 친구 소피가 있습니다.

Voici mon amie Sophie.

부아씨 모나미 소피

> voici(여기에 ~이 있습니다)는
> 무엇인가를 소개하거나 제시할
> 때 사용한다.

☘ 말씀 많이 들었습니다.

J'ai beaucoup entendu parler de vous.

줴보꾸 엉떵뒤 빠흘레드부

24

Unité 4 기타 소개할 때 필요한 표현

❀ 성함이 어떻게 되십니까?
Comment vous appelez-vous?
꼬멍부자쁠레부

❀ 제 이름은 김미라입니다.
Je m'appelle Mira Kim.
쥬마뻴 미라김.

❀ 제가 김미라입니다.
Je suis Mira Kim.
쥬쉬 미라김.

❀ 어디 출신이신가요?
D'où venez-vous?
두부네부

> d'où는 전치사 de(~부터)와 의문사 où(어디)가 합쳐진 상태로, 영어의 from where과 동일한 표현이나, 프랑스어는 전치사와 의문사를 함께 사용해야 한다.

❀ 당신의 국적이 어디입니까?
Quelle est votre nationalité?
껠레 보트흐나씨오날리떼

> quel(le)는 의문형용사로 명사와 함께 의문문을 만들 때 사용한다.

❀ 저는 서울 출신입니다.
Je suis de Séoul.
쥬쉬드쩨울

❀ 저는 한국사람입니다.
Je suis coréen(ne).
쥬쉬 꼬헤앵(앤)

> 남성 coréen[꼬헤앵],
> 여성 coréenne[꼬헤앤]

❀ 여기 제 명함이 있습니다.
Voilà ma carte de visite.
부알라 마까흐뜨 드비지뜨

25

Chapitre 03 헤어질 때의 인사

프랑스어로 작별할 때 사용할 수 있는 표현은 크게 두 종류로 나뉩니다. 하나는 Bon week-end(좋은 주말 보내세요)처럼 좋은 시간을 기원하는 것이고, 또 다른 하나는 시간을 표현하는 단어 앞에 à를 붙여서 그때 만나자는 것입니다. À lundi(월요일에 봐요.)

Unité 1 저녁에 헤어질 때

☺ 좋은 저녁 시간 보내세요!
Bonne soirée!
본수아헤

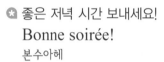

soirée(저녁), nuit(밤) 앞에 bon(ne)를 붙여 좋은 저녁과 좋은 밤을 기원하는 인사를 만든다.

☺ 잘 자요!
Bonne nuit!
본뉘

☺ 좋은 꿈꾸세요.
Faites de beaux rêves.
페프 드보헤브

영어처럼 주어 없이 명령법을 만든다.

☺ 안녕히 주무세요.
Dormez bien.
도흐메비행

Unité 2 기본적인 작별 인사

☺ 안녕!
Salut!
쌀뤼

26

✪ 안녕히 가세요!
Au revoir!
오흐부아흐

✪ 좋은 하루 보내세요!
Bonne journée!
본쥬흐네

가장 많이 사용하는 작별 인사

✪ 좋은 오후 보내세요!
Bon après-midi!
본나프헤미디

영어와 달리 작별 인사이다.

✪ 다음에 봬요!
À la prochaine (fois)!
알라프호쉔(푸아)

✪ 나중에 봬요!
À plus tard!
아쁠뤼따흐

✪ 좀 이따가 봬요!
À tout de suite!
아뚜드쉬프

✪ 곧 만납시다!
À tout à l'heure!
아뚜딸뢔흐

✪ 잠시 후에 봬요!
À bientôt!
아비앵또

✪ 내일 봬요!
À demain!
아드맹

✿ 저 갑니다.
Je m'en vais.
쥬멍배

> s'en aller는 대명동사로 '가버리다, 떠나다'란 뜻으로, 동사변화는 aller처럼 하고, 인칭에 따라 대명사를 변화시키며 동시에 en은 동사의 일부분으로 함께 사용해야 한다.

✿ 이제 가 봐야겠어요.
Je vous laisse.
쥬부래쓰

> 직역하면 '나는 당신을 남겨둡니다'라는 뜻이 된다.

✿ 주말 잘 보내세요!
Bon week-end!
봉위껜

✿ 휴가 잘 보내세요!
Bonnes vacances!
본바껑쓰

✿ 여행 잘 하세요!
Bon voyage!
봉부아야쥬

✿ 재미난 파티 하세요.
Bonne fête.
본페뜨

> fête는 파티는 물론, 명절, 축제, 기념일 등 많은 뜻을 가지며, 프랑스 사람들은 때마다 각종 fête를 즐기고 기억하며 삶을 풍요롭게 한다.

✿ (추석) 명절 잘 보내세요.
Bonne fête (de Chouseok).
본페뜨 (드추석)

✿ 즐겁게 보내세요.
Amusez-vous bien.
아뮈제부비앵

✿ 조만간 또 뵐께요.
À un de ces jours.
아 앵드쩨쥬흐

Unité 3   누군가의 집에 초대 되었을 때

✿ 초대해 주셔서 감사합니다.
Merci de m'avoir invité(e).
메흐씨 드마부아흐앵비떼

> merci (de) ~에 대해 감사하다.
> merci pour 라고 사용할 수도 있다.

✿ 당신의 초대에 감사의 말씀 전합니다.
Je vous remercie de votre invitation.
쥬부흐메흐씨 드보트흐앵비따씨옹

✿ 모두 다 감사합니다!
Merci de tout!
메흐씨 드뚜

✿ 멋진 파티 감사합니다.
Merci pour une belle fête.
메흐씨 뿌흐윈벨페뜨

✿ 맛있게 잘 먹었습니다.
C'était vraiment délicieux.
쎄때 브해멍 델리씨외

> C'était ~였었다, 과거의
> 상태나 묘사 표현

✿ 맛있었어요. 감사합니다.
C'était très bon, merci.
쎄때 트헤봉, 메흐씨

✿ 아주 멋진 저녁 시간이었어요.
C'était une soirée magnifique.
쎄때 윈수아헤 마니피끄

✿ 아주 멋졌습니다.
C'était formidable.
세때 포흐미다블

✿ 배불리 먹었습니다.
Je suis rassasié.
쥬쉬하싸지에

✿ 실컷 먹었습니다.
J'ai mangé à ma faim.
줴멍줴 아마팽

✿ 죄송합니다만, 가봐야 할 것 같아요.
Désolé(e), je dois m'en aller.
데졸레, 쥬두아먼알레

> je dois는 devoir(~해야 한다)의 변화형으로, 비인칭 동사인 <il faut + 동사>와 같은 뜻을 가진다.

✿ 이제 가봐야겠어요.
Il faut que je vous quitte.
일포끄 쥬부끼뜨

> <C'est l'heure de + 동사원형>은 '~할 시간이다' 라는 표현으로 다른 동사를 활용하여 다양하게 사용할 수 있다.

✿ 이제 가야 할 시간입니다.
C'est l'heure de partir.
쎄래흐 드빠흐띠흐

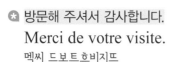

Unité ④ 초대한 주인으로서의 작별 인사

✿ 방문해 주셔서 감사합니다.
Merci de votre visite.
멕씨 드보트흐비지뜨

✿ 와 주셔서 감사합니다.
Merci d'être venu(e).
멕씨 데트흐브뉘

> venu(e) 온 사람이 여자면 'e'가 붙는다. 발음은 동일

✿ 좀 더 계시다 가시겠어요?
Pouvez-vous rester un peu plus?
뿌베부 헤스떠 앵쁘쁠뤼스

> Pouvez-vous ~?~해주실 수 있으세요? 는 뜻으로 부탁을 할 때 쓰는 표현

⚡ 벌써 가신다구요?

Vous partez déjà?

뿌빠흐떼 데쟈

⚡ 저희랑 저녁식사 같이 하지 않으실래요?

Vous ne voulez pas dîner avec nous?

부느불레빠 디네 아벡누

Vous ne voulez pas ~? ~를 원하지 않으세요?(~하지 않으실래요?)

⚡ 즐거운 시간 보내셨어요?

Avez-vous passé une bonne soirée?

아베부빠쎄 윈본수아헤

⚡ 언제든 다시 오세요.

Revenez quand vous voulez.

흐부네 껑부불래

quand vous voulez 당신이 원하시는 때

⚡ 댁까지 차로 모셔다 드릴께요.

Je vous raccompagne chez vous en voiture.

쥬부하꽁빠뉴 쉐부 엉부아뛰흐

chez ~의 집에

⚡ 댁에 도착하시면 전화주세요.

Appelez-moi quand vous arrivez chez vous.

아쁠레무아 껑부자히베 쉐부

| Unité | **5** | 안부를 전할 때 |

⚡ 제 대신 안부 전해주세요.

Dites-lui bonjour de ma part.

디뜨뤼 봉쥬흐 드마빠흐

de ma part / pour moi 저 대신

⚡ 그녀에게 제 안부 전해주세요.

Embrassez-la pour moi.

엉브하쎄라 뿌흐무아

31

✿ 그에게 안부 전해 주세요.
Faites-lui mes amitiés.
페뜨뤼 메자미띠에

친구에게 안부를 전할 때 사용.
amitié 우정

✿ 제가 무척 감사한다고 전해 주세요.
Transmettez-lui de ma part mes sincères salutations.
트헝스메떼뤼 드마빠흐 메생쎄흐 쌀뤼따씨옹

✿ 부인께 안부 전해 주세요.
Bonjour à votre femme.
봉쥬흐 아보트흐팜

femme는 여자이기도 하고 아내이기도 하다.
하지만 남성을 지칭할 때는 남자는 homme이고
남편은 mari라는 다른 단어로 구별된다.

✿ 가족에게 안부 전해 주세요.
Le bonjour à votre famille.
르봉쥬흐 아보트흐파미으

✿ 아버지가 안부 전해 달라고 하십니다.
Bien des choses de la part de mon père.
비앵데쇼즈 들라빠흐 드몽뻬흐

Partie 2

세련된 교제를 위한 표현

타인에게 피해를 안 주고, 자신도 피해를 받고 싶어 하지 않는 개인주의적인 프랑스인과 세련되고 예의 바른 관계 형성을 위해서는 이 장에서 소개될 감사, 사죄, 방문 등의 표현을 잘 익혀두는 것이 좋습니다. 사소한 일이라도 감사하고 미안하다고 말하는 것처럼 어떤 행동에 대해 반응해 주는 것이 중요합니다. 로마에 가면 로마법을 따라야하듯 그들의 표현법을 따름으로써 상대에게 동질감과 친밀감을 갖게 하는 계기를 마련할 수 있습니다.

Chapitre 01 고마움을 표할 때

일상적인 감사의 표현은 Merci입니다. '~에 대해 고맙다'고
할 때는 Merci de~라고 간단하게 하면 됩니다. 간단하지만
잊어서는 안 될 긴요한 표현이 감사의 말입니다.

Unité 1 기본적인 감사의 표현

✿ 감사합니다.
Merci.
멕씨

✿ 대단히 감사합니다.
Merci beaucoup.
멕씨보꾸

> beaucoup(많이)는 명사나 동사를 강조할
> 때 사용하며, bien(아주, 잘)은 명사, 동사,
> 형용사, 부사 모두를 수식할 수 있다.

✿ 정말 감사합니다.
Merci bien.
멕씨비앵

✿ 정말로 감사드립니다.
Merci mille fois.
멕씨 밀푸아

✿ 감사드립니다.
Je vous remercie.
쥬부흐메흐씨

> remercier는 동사이고 merci는
> 명사형이다. 좀 더 격식을 갖추기 위해
> 명사 대신 동사를 사용할 수 있다.

✿ 만사에 감사합니다.
Merci pour tout.
멕씨 뿌흐뚜

pour tout 모든 것에

Unité 2 고마움을 표시할 때

✿ 어쨌든 감사합니다.

Merci quand même.

멕씨 껑맴

quand même 어쨌든, 그래도

✿ 도와주셔서 감사합니다.

Merci pour votre aide.

멕씨 뿌흐보트흐애드

✿ 감사하겠습니다. (경어)

Je vous serais reconnaissant(e).

쥬부쓰해 흐꼬내썽(뜨)

> serais는 être동사의 조건법 형태로 좀 더 공송한 표현에 사용된다.

✿ (저를 위해 그렇게 해주셔서) 매우 감사하게 생각합니다.

Je vous suis très reconnaissant(e) (de l'avoir fait pour moi).

쥬부쉬 트해흐꼬내썽(뜨) (드라부아르페 뿌흐무아)

✿ 충고해 주셔서 감사합니다.

Merci de votre conseil.

멕씨 드보트흐쏭쎄이으

✿ 당신의 친절에 매우 감사합니다.

Je suis très sensible à votre gentillesse.

쥬쉬 트해썽씨블 아보트흐 졍띠에쓰

✿ 어떻게 감사드려야할지 모르겠습니다.

Je ne sais comment vous remercier.

쥬느쌔 꼬멍 부흐메흐씨에

✿ 어떻게 감사의 말씀을 전해야할지 모르겠군요.

Comment vous prouver ma reconnaissance?

꼬멍부프후베 마흐꼬네썽쓰

Unité 3 배려에 대한 고마움을 표시할 때

✿ 그렇게 말씀해 주시니 감사합니다.
C'est gentil de dire ça.
쎄졍띠 드디흐싸

<C'est gentil de + 동사원형>은 '~하다니 참 친절하다 그래서 고맙다'는 뜻이므로, 동사를 달리하여 유용하게 활용할 수 있다.

✿ 환대해 주셔서 감사합니다.
Je vous remercie de votre hospitalité.
쥬부흐메흐씨 드보트흐 오스삐딸리떼

✿ 따뜻하게 맞아 주셔서 감사드립니다.
Merci beaucoup pour votre accueil chaleureux.
멕씨보꾸 뿌흐 보트흐아꽤이으 샬뢔회

accueil 환대, 마중
chaleureux 따뜻한

✿ 친절을 베풀어 주셔서 고맙습니다.
Merci pour votre gentillesse.
멕씨 뿌흐 보트흐졍띠에스

✿ 관심을 가져 주셔서 감사합니다.
Merci pour votre attention.
멕씨 뿌흐 보트흐아떵씨옹

✿ 감사드리고 싶습니다.
Je tiens à vous remercier.
쥬티엥 아부흐메흐씨에

✿ 덕분에 즐거운 저녁시간 보냈습니다.
Merci pour cette soirée agréable.
멕씨 뿌흐 쎄뜨수아헤 아그헤아블

agréable 기분 좋은, 유쾌한

✿ 동반해 주셔서 감사합니다.
Je vous remercie de votre compagnie.
쥬부흐메흐씨 드보트흐꽁빠니

compagnie 동행

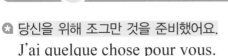

Unité 4 감사의 선물을 줄 때

😊 당신을 위해 조그만 것을 준비했어요.
J'ai quelque chose pour vous.
쉐 껠끄쇼즈 뿌흐부

> quelque chose는 무엇인가, quelqu'un은 누군가의 뜻이다. quelque는 영어의 some과 비슷하다.

😊 여기 당신을 위한 선물이 있습니다.
Voilà un cadeau pour vous.
부알라 앵꺄도 뿌흐부

😊 당신을 위한 깜짝 선물이 있어요.
J'ai une surprise pour vous.
쉐윈쉬흐프히즈 뿌흐부

😊 제가 직접 만들었어요.
Je l'ai fait moi-même.
쥬래페무아맴

> moi-même처럼 인칭대명사 강세형에 même라는 부사를 첨가하면, 영어의 myself처럼 '스스로, 자신이'라는 뜻이 된다.

😊 마음에 드셨으면 좋겠네요.
J'espère que cela vous plaîra.
쥐스뻬흐끄 쏠라부쁠래하

Unité 5 선물을 받을 때

😊 선물 감사합니다.
Merci pour votre cadeau.
멕씨 뿌흐보트흐꺄도

😊 제가 갖고 싶었던 것이에요.
C'est ce que je voulais.
쎄쓰끄쥬블래

> ce que ~한 것, 영어의 what와 동일한 의미로 사용한다.

😊 정말 친절하시군요.

Que vous êtes gentil(le)!

끄부제뜨졍띠(으)

que가 이끄는 감탄문

😊 얼마나 감사한지요.

Je ne pourrais jamais vous remercier assez.

쥬느뿌해쟈매 부흐메흐씨에 아쎄

pourrais : pouvoir의 조건법, 경어

😊 선물이 정말 예쁩니다!

Que c'est joli, ce cadeau!

끄세졸리 쓰꺄도

😊 뭐 이런 걸 다. 안하셔도 되는데.

Il ne fallait pas.

인느팔래빠

Unité 6 감사 표시에 대해 응답할 때

😊 천만에요.

Je vous en prie.

쥬부정프히

😊 뭘요.

De rien.

드히앵

😊 별거 아닙니다.

(Il n'y a) pas de quoi.

(인니아) 빠드꾸아

😊 별말씀을요.

À votre service.

아보트흐쎄흐히비쓰

✿ 오히려 제가 기뻐요.
Le plaisir est à moi.
르쁠래지흐 에따무아

être à ~에 속하다, ~의 것이다,
영어의 belong to 와 비슷하다.

✿ 뭘요. 친구 좋다는 게 뭐겠어요.
À quoi servent-ils des amis?
아꾸아 쎄흐브띨 데자미

직역하면 '친구를 무엇에
쓰겠어요?' 라는 뜻이다.

✿ 저도 기뻤어요.
C'était mon plaisir.
세때몽쁠래지흐

✿ 그렇게 말씀해주시니 감사합니다.
C'est très gentil à vous de dire ainsi.
쎄트해정띠 아부 드디흐 앵씨

✿ 별거 아닙니다.
Ce n'est rien.
쓰네히앵

rien은 부정대명사로 '아무 것도
~하지 않다' 라는 뜻이며, ne와 함께
pas 없이 부정문에서 사용한다.

✿ 저한테 고마워할 필요 없어요.
Ce n'est pas la peine de me remercier.
쓰네빠라뺀 드므흐메흐씨에

Ce n'est pas la peine (de + 동사원형)은
'~할 필요가 없다' 라는 뜻으로,
동사원형과 함께 또는 동사원형 없이
자유롭게 사용할 수 있다.

✿ 신세 많이 졌습니다.
Je vous dois tellement.
쥬부두아 뗄르멍

직역하면 '당신에게 참으로
빚을 많이 졌다' 라는 뜻이다.

Chapitre 02 사죄, 사과를 할 때

Pardon, excusez-moi!(빠흐동, 엑스뀌제무아! 실례합니다. 미안합니다.)라는 표현을 쉽게 하는 프랑스 사람들이지만 책임소재의 문제나 금전문제에는 결코 양보하지 않고 사과하려 하지 않습니다. 상황에 맞춰 사과표현을 사용하고, 문제가 발생했을 때는 신중하게 처신해야 합니다.

Unité 1 사과, 사죄를 나타낼 때

✿ 실례합니다.
Pardon!
빠흐동

✿ 죄송합니다.
Mille pardons!
밀빠흐동

✿ 미안합니다.
Excusez-moi!
엑쓰뀌제무아

✿ 미안해요. (구어)
Je m'excuse.
쥬멕쓰뀌즈

✿ 죄송합니다. 유감입니다.
Désolé(e)!
데졸레

✿ 정말로 죄송합니다.
Je suis vraiment désolé(e).
쥬쉬 브해멍 데졸레

☺ 늦어서 죄송합니다.

Excusez-moi de mon retard.

엑쓰뀌제무아 드몽흐따흐

☺ 지각해서 죄송합니다.

Excusez-moi d'être en retard.

엑쓰뀌제무아 데트 흐엉흐따흐

> excuser는 '~를 용서하다'라는 뜻으로 자신을 용서해달라고 할 때는 Excusez-moi라고 해야 하며, 뒤에 de~를 첨가해 '~에 대해 용서를 구할 수 있다'는 뜻으로 쓰인다.

☺ 미안합니다. 늦었습니다.

Excusez-moi. Je suis en retard.

엑쓰뀌제무아 쥬쉬정흐따흐

☺ 번거롭게 해드려서 죄송합니다.

Excusez-moi de vous déranger.

엑쓰뀌제무아 드부데헝줴

☺ 기다리게 해서 죄송합니다.

Je suis désolé(e) de vous avoir fait attendre.

쥬쉬데졸레 드부자부아흐페 아떵드흐

> faire는 영어의 make나 do처럼 사용하는 동사로, 사역동사로 쓰일 수 있다. 그래서 attendre는 '기다리다', faire attendre는 '기다리게 하다'라는 뜻이 된다.

☺ 기다리게 해서 유감입니다.

Je regrette de vous avoir fait attendre.

쥬흐그헤뜨 드부자부아흐페 아떵드흐

☺ 그 점에 대해 사과드립니다.

J'en suis désolé(e).

졍쉬 데졸레

> en은 중성대명사로 de~의 형태를 대신한다. 여기서는 '~에 대해'란 뜻이다.

☺ 좀 더 일찍 답장 드리지 못해 죄송합니다.

Je suis désolé(e) de ne pas avoir répondu plus tôt.

쥬쉬 데졸레 드느빠자부아흐헤뽕뒤 쁠뤼또

✿ 시간을 너무 뺏어서 죄송합니다.

Désolé(e) d'avoir pris beaucoup de votre temps.

데졸레 다부아흐프히 보꾸 드보트흐떵

✿ 제 실수에 대해 사과드립니다.

Excusez-moi de mon erreur.

엑스뀌제무아 드몬네홰흐

✿ 죄송합니다. 달리 어쩔 수가 없었습니다.

Désolé(e). Je n'ai pas pu autrement.

데졸레. 쥬내빠뷔 오트흐멍

> Je n'ai pas pu~는 '~할 수 없었다'는 뜻으로 pouvoir 동사의 복합과거형이다.

✿ 미안합니다. 그것을 할 수 없었어요.

Pardon. Je ne pouvais pas le faire.

빠흐동. 쥬느뿌베빠 르페흐

✿ 일부러 그런 것은 아닙니다.

Je n'ai pas fait exprès.

쥬내빠페 엑스프헤

exprès 일부러

✿ 실수했습니다.

Je me suis trompé.

쥬므쉬 트홍뻬

> 대명동사 se tromper(실수하다, 틀리다)의 복합과거형

✿ 제 잘못입니다.

C'est (de) ma faute.

쎄 (드) 마포트

> 문법적으로는 de가 있어야 하지만, 일반적으로 de 없이 많이 사용한다.

✿ 제 잘못이 아닙니다.

Ce n'est pas ma faute.

쓰네빠 마포트

😊 신중하지 못했습니다.
J'étais imprudent(e).
제때 앵프휘덩(뜨)

😊 당신 잘못이 아닙니다.
Ce n'est pas de votre faute.
쓰네빠 드보트흐 포뜨

Unité 4 용서를 구할 때

😊 용서해 주세요.
Pardonnez-moi!
빠흐도네무아

😊 용서를 구합니다.
Je vous demande pardon.
쥬부드멍드빠흐동

demander pardon 용서를 구하다.

😊 저를 용서해 주시기 바랍니다. (경어)
Veuillez m'excuser!
봬이에 멕쓰뀌제

😊 용서를 청합니다. (경어)
Je vous prie de m'excuser.
쥬부프히 드멕쓰뀌제

😊 저의 사과를 받아주세요.
Je vous prie d'accepter mes excuses.
쥬부프히 닥쎕떼 메젝쓰뀌즈

😊 다시는 안 그러겠습니다.
Je ne le ferai plus jamais.
쥬느르프해 쁠뤼쟈매

Unité 5 사과, 사죄에 대한 응답

✿ 괜찮습니다.
Ça va.
싸바

✿ 괜찮아요.
Ce n'est rien.
쓰네히앙

✿ 괜찮습니다.
Ce n'est pas grave.
쓰네빠 그하브

> grave는 '심각하다'라는 형용사로 c'est grave라고 하면 '그것이 심각한 일이다'라는 뜻이고, Ce n'est pas grave라 하면 '그일이 심각하지 않다, 괜찮다'라는 의미로 사용된다.

✿ 괜찮아요.
Ça ne fait rien.
싸느페히앙

✿ 문제없어요.
Pas de problème.
빠드 프호블램

> '~이 없다'라는 표현으로 간단히 pas de~라고 쓴다.

✿ 걱정하지 마세요.
Ne vous inquiétez pas.
느부쟁끼에떼빠

✿ 걱정하지 마요.
Pas de souci.
빠드쑤씨

souci 걱정, 근심

✿ 괜찮을 거예요.
Ça va aller.
싸바알레

> <aller + 동사원형>은 영어의 be going to처럼 '~할 것이다'로 근접미래를 나타낸다.

영어의 '축하합니다'에 해당하는 프랑스어는 Félicitations(펠리씨따씨옹)으로 복수를 사용합니다. 물론 프랑스어는 단어 끝 자음을 발음하지 않기 때문에 단수나 복수 발음이 동일합니다. 필기할 때만 's'를 잊지 않도록 주의하십시오. 승진이나 합격 등 축하할 일이 있을 때 '펠리씨따씨옹'이라고 해주세요.

Unité **1** 축하할 때

✿ 해냈군요. 축하합니다!
Ça y est! Félicitations!
싸이에. 펠리씨따씨옹

> Ça y est는 시험 합격이나 힘든 일이 끝나는 등 어떤 기다리던 결과가 나왔을 때 사용할 수 있는 유용한 표현이다.

✿ 축하합니다.
Je vous félicite.
쥬부펠리씨드

✿ 축하의 말씀 전합니다.
Je vous adresse mes félicitations.
쥬부자드헤쓰 메펠리씨따씨옹

✿ 축하드려요!
Toutes mes félicitations!
뚜뜨 메 펠리씨따씨옹

✿ 축하합니다. 고생하셨어요!
Mes compliments!
메꽁쁠리멍

compliment 축하의 말, 칭찬

✿ 생일 축하합니다!
Bon anniversaire!
본나니베흐쩨흐

anniversaire는 영어와 달리 생일이라는 단어로 주로 사용하고, 어떤 기념일일 때는 뒤에 de~을 첨가한다.

✿ 즐거운 생일 보내세요!
Joyeux anniversaire!
주아이외 자니베흐쩨흐

✿ 결혼기념일 축하합니다!
Bon anniversaire de mariage!
본나니베흐쩨흐 드마히아쥬

mariage는 결혼, anniversaire de mariage는 결혼기념일

✿ 결혼을 축하드려요!
Félicitations pour votre mariage!
펠리씨따씨옹 뿌흐 보트흐마히아쥬

✿ 진심으로 결혼을 축하드립니다!
Toutes mes félicitations pour votre mariage!
뚜뜨 메펠리씨따씨옹 뿌흐 보트흐마히아쥬

✿ 당신의 성공을 축하합시다.
On fête votre succès.
옹페드 보트흐쒹쩨

✿ 우리의 승리를 자축합시다!
On va fêter notre victoire!
옹바페떼 노트흐 빅뚜아흐

victoire 승리

✿ 승진을 진심으로 축하드립니다!
Toutes mes félicitations pour votre promotion!
뚜뜨 메펠리씨따씨옹 뿌흐 보트흐 프호모씨옹

promotion 승진

✿ 수능시험을 통과하셨어요. 축하드립니다!
Vous avez eu votre bac. Félicitations!
부자베외 보트흐박. 펠리씨따씨옹

bac = baccalauréat 고등학교 졸업 시험 겸 대입 시험

⭐ 운전면허증을 따셨어요. 축하드립니다!

Vous avez eu votre permis (de conduire). Félicitations!

부자베위 보트흐뻬흐미 (드꽁뒤흐). 펠리씨따씨옹

⭐ 행복하세요!

Soyez heureux!

수아이에 왜회

> Soyez : être(~이다)의 명령형

⭐ 행복을 기원합니다!

Je vous souhaite un grand bonheur!

쥬부수애드 앵그헝보놰흐

⭐ 제가 다 기쁩니다.

Je suis content(e) pour vous.

쥬쉬 꽁떵(뜨) 뿌흐부

⭐ 부인이 임신하셨어요? 축하드립니다!

Votre femme est enceinte? Félicitations!

보트흐팜 에엉쨍드 펠리씨따씨옹

> enceinte는 '임신하다' 라는 형용사로 여성형으로만 사용된다.

⭐ 취업하셨군요. 축하합니다!

Vous avez trouvé un travail. Félicitations!

부자베 트후베 앵트하바이. 펠리씨따씨옹

trouver un travail 일자리를 찾다.

⭐ 잘하셨어요!

Bien fait!

비앙 페

⭐ 곧 아이가 생길거라구요. 축하드립니다!

Vous aurez un bébé. Félicitations!

부조해 앵베베. 펠리씨따씨옹

> aurez는 avoir동사의 미래형으로 '당신이 아이를 갖게 되실 거라구요' 라는 뜻이다.

Unité 2 축복을 기원할 때

☀ 새해 복 많이 받으세요!

Bonne année!

본나네

> 직역하면 '좋은 한 해' 라는 뜻이 된다.

☀ 새해 복 많이 받으세요.

Je vous adresse mes meilleurs vœux.

쥬 부 자드헤쓰 메메이왜흐뵈

> 연하장에 많이 사용하는 표현이다.

☀ 행복과 기쁨이 가득한 새해 되시길 바랍니다.

Je vous souhaite une nouvelle année pleine de bonheur et de joie.

쥬 부 수애뜨 윈누벨아네 쁠랜드 본놰흐 에 드 주아

☀ 멋진 한해를 기원합니다.

Je vous souhaite une belle année.

쥬 부 수애뜨 윈벨나네

☀ 신의 축복이 있기를.

Dieu vous bénisse.

디외 부 베니쓰

Dieu 신, bénir 축복하다

☀ 모든 것이 잘 될거예요.

Tout ira bien.

뚜띠하비앵

> ira는 원래 '가다' 라는 뜻이지만 근황을 묻는 표현에 사용되는 aller의 미래형이다. 또한 <대명사＋동사>는 꼭 연음해야 하므로, Tout ira는 [뚜띠하]로 발음한다.

☀ 메리 크리스마스!

Joyeux Noël!

주아이외 노엘

☀ 성탄절 잘 보내세요.

Bon Noël.

봉노엘

✿ 명절 잘 보내세요!
Bonne fête!
본 페뜨

✿ 성공을 빕니다.
Je vous souhaite un grand succès.
쥬부 수애뜨 앵그헝쒹쩨

✿ 행운을 빕니다!
Bonne chance!
본 셩쓰

> chance는 영어와 달리 '행운'의 뜻이다.

✿ 여행 잘 하세요!
Bon voyage!
봉 부아야쥬

✿ 즐거운 발렌타인데이 되세요!
Bonne Saint Valentin!
본 쌩발렁땡

> 성 발렌타인은 남자이지만 발렌타인데이는 기념일이어서 fête라는 명사의 성을 따라 Bonne라는 여성형용사로 수식된다.

✿ 부활절 잘 보내세요!
Joyeuses Pâques!
주아이외즈 빠끄

> 부활절은 여성복수 명사이다.

Unité **3** 환영할 때

✿ 환영합니다.
Bienvenue
비앵브뉘

✿ 어서오세요!
Soyez le bienvenu(la bienvenue)!
수아예 르비앵브뉘(라비앵브뉘)

> 손님이 여성인지 남성인지에 따라 le bienvenu 또는 la bienvenue로 구별한다.

❷ 같이 일하게 되어 반갑습니다.

Heureux(se) de vous avoir avec nous.

왜회(즈) 드부자부아흐 아벡누

❷ 저희 집에 오신 것을 환영합니다.

Bienvenue chez moi.

비앵브뉘 쉐무아

chez moi 나의 집에

❷ 한국에 오신 것을 환영합니다.

Bienvenue en Corée.

비앵브뉘 엉꼬헤

en Corée 한국에

❷ 모두 잘 오셨습니다!

Bienvenue à tous!

비앵보뉘 아뚜쓰

여기에서 tous는 대명사이므로 [뚜]가
아닌 [뚜쓰]로 발음해야 한다.

❷ 환영합니다.

Je vous souhaite la bienvenue.

쥬부 수애뜨 라비앵브뉘

Chapitre 04 초대할 때

상대를 초대하고 싶을 때는 구두로 초대하거나 짤막한 초대장(초대 메일) 등을 보낼 수 있습니다. 초대장을 보내는 것은 좀 더 격식을 갖춘 형태이고, 특히 결혼식 등 큰 행사일 경우에 행해집니다. 구두로 할 때는 '시간이 있는지(Vous êtes libre?)(부젯 리브흐)'를 묻고, 차나 식사를 함께 하자고 권하면 됩니다. 카페나 식당에서, '제가 초대하는 겁니다.(Je vous invite)(쥬부 쟁비뜨)'나 '제가 낼게요.(Je paie pour vous)(쥬뻬 뿌흐부)' 등을 명시하지 않으면 각자 자기 몫을 부담합니다.

Unité 1 초대할 때

☘ 오늘 저녁에 시간 있으세요?
Vous êtes libre ce soir?
부젯 리브흐 쓰수아흐

> ce soir에서 ce는 지시형용사로 시간명사 앞에 붙어 현재성을 표시한다. ce matin 오늘 아침

☘ 내일 바쁘세요?
Vous êtes pris(e) demain?
부젯 프히(즈) 드맹

☘ 주말에 뭐 하세요?
Qu'est-ce que vous faites le week-end?
께스끄부팻 르위껜

☘ 저녁 식사에 당신을 초대합니다.
Je vous invite à dîner.
쥬부쟁비프 아디네

> inviter à ~에 초대하다

☘ 한잔 할래요?
On prend un verre?
옹프헝 앵베흐

prendre un verre 한잔하다

✿ 내일 우리 집에 올 시간이 있으세요?

Est-ce que vous avez le temps de venir chez moi?

에스끄 부자베 르떵 드브니흐 쉐무아

✿ 금요일 저녁에 우리 집에서 저녁 식사 하실래요?

Voulez-vous dîner chez moi vendredi soir?

불레부 디네 쉐무아 벙드흐디 수아흐

Voulez-vous? ~를 원하세요?
(의향을 물어볼 때 사용)

✿ 제 생일 파티에 오시는 게 어떠세요?

Que diriez-vous de venir à ma fête d'anniversaire?

끄디히에부 드브니흐 아마페뜨 다니베흐쎄흐

✿ 일요일에 우리 집에 올 수 있으세요?

Pouvez-vous venir chez moi dimanche?

뿌베부 브니흐 쉐무아 디멍슈

Pouvez-vous? ~하실 수 있으세요?
(~해주세요라는 부탁)

✿ 제 생일 파티가 있어요.

Il y a une fête pour mon anniversaire.

일리아 윈페뜨 뿌흐 모나니베흐쎄흐

✿ 제 생일을 축하할 겁니다.

On va fêter mon anniversaire.

옹바페떼 모나니베흐쎄흐

Il y a~(~이 있다)는 영어의 영어의 there is나
there are와 동일한 표현으로 뒤에 명사가
따르며, 명사는 단수나 복수 다 올 수 있다.

✿ 제 생일입니다.

C'est mon anniversaire.

쎄 모나니베흐쎄흐

✿ 8시쯤에 오세요!

Venez vers 8 heures!

브네 베흐 위때흐

vers(쯤, 경)는 시간이나 장소에 사용
가능하다. <vers + 장소> ~을 향하여,
<vers + 시간> ~쯤, ~경

✿ 친구랑 같이 오세요.

Vous pouvez venir avec votre ami(e).

부뿌베 브니흐 아벡 보트하미

Unité ② 초대에 응할 때

❂ 좋은 생각입니다!
(C'est une) Bonne idée!
(쎄뛴) 보니데

❂ 기꺼이 그렇게 하겠습니다.
Avec plaisir.
아벡 쁠래지흐

avec 함께, plaisir 기쁨

❂ 좋죠.
Volontiers.
볼롱띠에

❂ 기꺼이.
Avec joie.
아벡 주아

❂ 좋을 것 같아요.
Ça a l'air bien.
싸아래흐 비앵

> avoir l'air는 '~처럼 보이다'라는 뜻으로 être 동사처럼 뒤에 속사(영어의 주격보어)를 취한다.

❂ 고맙습니다. 잊지 않겠습니다.
Merci. Je ne manquerai pas.
멕씨 쥬느멍끄해빠

> manquer(빠트리다, 놓치다)의 미래형에 부정문이다. '빼놓지 않을 겁니다'라는 뜻이다.

❂ 초대해 주셔서 감사합니다.
Merci de m'avoir invité(e).
멕씨 드 마부아흐 앵비떼

❂ 저는 좋습니다.
C'est bon pour moi.
쎄봉 뿌흐무아

Unité 3 초대에 응할 수 없을 때

🌸 죄송하지만, 그럴 수가 없습니다.
Désolé(e). Je ne peux pas.
데졸레. 쥬느쁘빠

> 문법에는 맞지 않지만, 회화체에서는 ne를 빼고 Je peux pas로 많이 쓴다.

🌸 미안합니다. 그럴 것 같지 않아요.
Désolé(e). Je ne crois pas.
데졸레. 쥬느크후아빠

> croire 믿다, 생각하다

🌸 죄송해요. 할 일이 있어요.
Je suis désolé(e). J'ai quelque chose à faire.
쥬쉬 데졸레. 쉐 껠끄쇼즈 아페흐

> à faire는 영어의 to부정사처럼 '~해야 할'이라는 뜻으로 앞의 quelque chose를 수식한다.

🌸 유감스럽지만 안 될 것 같아요.
J'ai peur que non.
쉐빼흐 끄 농

> avoir peur 두렵다

🌸 그럴 수 있으면 좋겠네요.
J'espère que oui.
쉐스뻬흐 끄 위

🌸 그러고 싶지만 오늘밤은 선약이 있습니다.
Je veux bien. Mais je suis déjà pris(e).
쥬뵈비앵. 매 쥬쉬 데쟈 프히(즈)

> Je veux bien. Mais...는 '그러고 싶지만,~'의 표현으로 패턴화 시켜 사용할 수 있다.

🌸 오늘 저녁은 안되요.
Ce soir, ce n'est pas possible.
쓰수아흐, 쓰네빠 뽀시블

54

Chapitre **05** 방문할 때

프랑스에서 저녁 초대를 받으면 약속 시간보다 15분~20분 정도 늦게 가는 것이 예의입니다. 손님이 도착하면, 초대한 주인은 현관에서 '잘 오셨습니다. (Bienvenue 비앵브뉘)'라는 인사와 함께 초대 손님을 맞고, 서로 bisous(비주, 뺨과 뺨을 마주치며 입으로 소리를 내는 인사)를 합니다. 처음 만나는 남자들끼리는 대부분 악수를 하고, 좀 친해지면 '비주'를 합니다. 비주의 횟수는 친밀도에 따라 2번에서 4번까지도 가능합니다.

Partie 02 │ 세련된 교제를 위한 표현

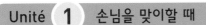
Unité **1** 손님을 맞이할 때

😊 저희 집에 오신 것을 환영합니다.
Bienvenue chez nous.
비앵브뉘 쉐누

> chez는 '~의 집에'라는 뜻의 전치사로 뒤의 인칭대명사는 강세형을 사용한다.

😊 저희 집에 잘 오셨어요!
Soyez le(la) bienvenu(e) chez nous!
수아이에 르(라)비앵브뉘 쉐누

😊 와 주셔서 감사합니다.
Merci d'être venu(e).
멕씨 데트흐브뉘

😊 들어오세요.
Entrez.
엉트해

😊 이쪽으로 오세요.
Par ici, s'il vous plaît.
빠흐이씨, 씰부쁠래

55

✿ 오시는 데 힘들지는 않으셨어요?
Ce n'était pas difficile de venir ici?
쓰네때빠 디피씰 드브니흐 이씨

<Ce n'était pas difficile de + 동사원형>은 '~하기가 힘들지 않았느냐?' 라는 표현으로 동사를 바꿔 패턴처럼 사용할 수 있으며, 과거시제이다.

✿ 앉으세요!
Asseyez-vous!
아세이에부

✿ 집처럼 편하게 계세요.
Faites comme chez vous.
페뜨 꼼쉐부

comme chez vous 당신 집에서처럼

✿ 아파트 구경하실래요?
Voulez-vous visiter mon appartement?
불래부 비지떼 모나빠흐뜨멍

✿ 집이 참 큽니다.
C'est très grand, chez vous.
쎄 트해그헝 쉐부

✿ 멋진 집을 갖고 계시네요.
Vous avez une belle maison.
부자베 쥔벨매종

| Unité | 2 | 음료와 식사를 대접할 때 |

✿ 음료 좀 드시겠어요?
Voulez-vous boire quelque chose?
불레부 부아흐 껠끄쇼즈

boire 마시다

✿ 마실 것 좀 드릴까요?
Voulez-vous quelque chose à boire?
불레부 껠끄쇼즈 아부아흐

à boire 마실~

56

😊 저녁 식사 준비되었습니다.
Le dîner est prêt.
르디네 에프헤

😊 식사하세요.
À table!
아따블르

😊 식탁에 앉으세요.
Mettez-vous à table.
메떼부 아따블르

> Mettez-vous는 mettre동사의 대명동사형으로 '스스로를 ~에 놓다', 그래서 '~에 자리 잡다' 라는 뜻이 된다.

😊 맛있게 드세요.
Bon appétit.
본나뻬띠

appétit 식욕

😊 어서 드세요.
Servez-vous.
쎄흐베부

> servir 동사의 대명동사 se servir의 명령형이다. '스스로 서빙해서, 드세요' 라는 뜻이다.

😊 포도주 따라 드릴까요?
Je vous sers du vin?
쥬부쎄흐 뒤뱅

> 프랑스에서 식사 초대를 받아 가면, 음료는 남자 주인이 따라 준다. 이때 Je vous sers~?(~따라 드릴까요?)라고 묻는다.

😊 드십시다! (구어)
On attaque!
온나따끄

> attaquer는 '공격하다' 라는 뜻의 구어체 표현이다.

😊 좀 더 드릴까요?
Vous en voulez encore?
부정 블레 엉꼬흐

en 그것을, encore 또 다시

✿ 이제 그만 실례하겠습니다.
Je dois m'en aller.
쥬두아 먼날레

✿ 오, 늦었네요.
Oh, il est tard.
오, 일레따흐

✿ 이제 작별합시다.
On se quitte maintenant.
오쓰끼뜨 맹뜨넝

> se quitter는 '서로 작별하다'라는 대명동사이다. quitter는 타동사로 '~을 떠나다'란 뜻이어서 주어가 복수이면서 대명동사의 상호적인 용법으로 사용된 형태이다.

✿ 기분 좋은 시간 보냈습니다.
J'ai passé un moment agréable.
줴빠쎄 앵모멍 아그헤아블

> passé는 '시간을 보내다'라는 뜻의 passer동사의 복합과거형이다.

✿ 멋진 저녁 시간 보내게 해주셔서 감사드립니다.
Je vous remercie de cette magnifique soirée.
쥬부 흐메흐씨 드세뜨 마니피끄 수아헤

✿ 아주 맛있었어요.
C'était très bon.
쎄때 트헤봉

✿ 아주 좋았습니다.
C'était très bien.
쎄때 트해비앵

✿ 또 오세요.
J'espère vous revoir bientôt chez nous.
제스뻬흐 부흐부아흐 비앵또 쉐누

> 직역하면 '당신을 우리 집에서 곧 다시 뵙기를 바랍니다'라는 뜻이다.

Chapitre 06 약속을 할 때

약속 표현은 일상 생활에서 가장 사용 빈도가 높은 실용적인 사항의 하나입니다. 상대가 '자유로운지(Vous êtes libre?)' 묻거나, 구체적으로 '~할 시간이 있는지(vous avez le temps de~?)' 등 크게 두 방향으로 상대의 상태를 물어볼 수 있습니다. 약속을 정할 때 발음상의 이유로 약속 시간을 잘못 인식하는 실수가 없도록 주의해야 합니다. 4시(quatre heures 꺄트홰흐), 14시(quatorze heures 꺄또흐좨흐), 2시(deux heures 되좨흐), 12시(douze heures 두좨흐).

Unité 1 약속을 청할 때

❀ 시간 있으세요?
Vous êtes libre?
부젯 리브흐

❀ 저 좀 볼 시간 있으세요?
Vous avez le temps de me voir?
부자베 르떵 드므부아흐

<avoir le temps de + 동사원형>은 '~할 시간이 있다' 라는 숙어이다. 주어에 맞춰 동사변화하고 뒤의 동사원형을 활용하여 유용하게 사용할 수 있다.

❀ 잠깐 좀 뵐 수 있을까요? (경어)
Pourriez-vous m'accorder quelques minutes?
뿌히에부 마꼬흐데 껠끄 미뉘뜨

Pourriez-vous 동사원형? 은 Pouvez-vous~?의 조건법 형태로 좀 더 공손하게 '~을 부탁하다' 는 표현이다.

❀ 내일 시간 있으세요?
Êtes-vous libre demain?
앧부 리브흐 드맹

❀ 언제 한번 만나요.
On se voit un jour.
옹쓰부아 앵쥬흐

un jour 언젠가, 어느 날인가

Unité 2 스케쥴을 확인할 때

✿ 이번 주 스케쥴을 확인해 보겠습니다.

Je vais voir mon agenda pour ce week-end.

쥬베부아흐 모나정다 뿌흐 쓰위껜

✿ 다음 주쯤 약속을 잡을 수 있습니다.

Je peux avoir rendez-vous la semaine prochaine.

쥬쀠 아부아흐 헝데부 라쓰맨 프호쉔

> 우리나라에서 랑데부라고 많이 발음되는 rendez-vous[헝데부]는 약속이라는 뜻, avoir rendez-vous(약속이 있다)는 예약 등 약속을 잡을 때 사용한다.

✿ 점심 식사 전에 당신을 뵐 수 있을 것 같아요.

Je pourrais vous voir avant le déjeuner.

쥬뿌해 부부아흐 아벙르데좨네

> Je pourrais~는 가능성을 나타내는 조건법으로 사용되었다.

✿ 오늘 오후에 약속이 없습니다.

Je suis libre cet après-midi.

쥬쉬 리브흐 쎄따프헤미디

✿ 3시 이후에 시간을 낼 수 있겠습니다.

Je serais libre après 3 heures.

쥬쓰해 리브흐 아프헤 트후아쐐흐

> serais는 être의 조건법으로 미래의 가능성을 표현한다.

Unité 3 약속 제안에 응답할 때

✿ 왜 그러시는데요?

Qu'est-ce qu'il y a?

께스낄리아

✿ 무슨 일로 절 만나시려고 하죠?

Pourquoi voulez-vous me voir?

뿌흐꾸아 불레부 므부아흐

pourquoi 왜

⚙ 예. 시간 괜찮아요.

Oui, je suis libre.

위, 쥬쉬 리브흐

⚙ 토요일에 약속이 없습니다.

Je n'ai pas de rendez-vous samedi.

쥬내빠드 헝데부 쌈디

samedi 토요일

⚙ 미안해요. 오늘 좀 바쁩니다.

Désolé(e). Je suis occupé(e) aujourd'hui.

데졸레. 쥬쉬 오뀌뻬 오쥬흐뒤

occupé(e) 바쁜
aujourd'hui 오늘

⚙ 수요일에 일이 있어요.

Je suis pris(e) mercredi.

쥬쉬 프히(즈) 메흐크흐디

mercredi 수요일

Unité 4 약속 시간과 장소를 정할 때

⚙ 언제 시간이 있나요?

Quand êtes-vous libre?

껑 앤부 리브흐

⚙ 언제 뵐까요?

On se voit quand?

옹쓰부아 껑

on 회화체에서 사용 = nous(우리)

⚙ 몇 시에 우리 만날까요?

À quelle heures on se retrouve?

아껠래흐 옹쓰흐트후브

se retrouver와 se voir는 대명동사의
형태로 주어가 복수일 때 '서로
만나다, 보다'의 의미로 사용된다.

⚙ 우리 몇 시에 볼까요?

On se voit à quelle heure?

옹쓰부아 아껠래흐

✿ 4시 괜찮아요?

À quatre heures, ça va?

아꺄트해흐, 싸바

✿ 어디에서 뵐까요?

On se voit où?

옹쓰부아 우

où는 '어디'라는 뜻으로, 악썽이 없이 ou이면 발음은 동일하지만 '또는'이라는 뜻이다.

✿ 카페에서 만납시다.

On se retrouve au café.

옹쓰ㅎ트후브 오까페

Unité 5 약속을 변경하거나 취소할 때

✿ 약속을 나중으로 뒤로 미룹시다.

Remettons notre rendez-vous à plus tard.

ㅎ메똥 노트ㅎ 헝데부 아쁠뤼따ㅎ

✿ 약속을 미뤄도 될까요?

Puis-je retarder notre rendez-vous?

쀠쥬 ㅎ따ㅎ데 노트ㅎ 헝데부

<Puis-je + 동사원형?>은 '제가 ~해도 될까요?'라는 뜻으로 상대방에게 허락을 청할 때 사용한다. Je peux~?와 동일한 뜻으로 좀 더 격식을 갖춘 표현이라 할 수 있다.

✿ 약속을 취소하겠습니다.

J'annule le rendez-vous.

쟈닐르 르헝데부

✿ 약속에 갈 수 없을 것 같습니다.

Je ne pourrais pas aller au rendez-vous.

쥬느뿌해빠 알레 오헝데부

✿ 다음에 뵙도록 갑시다.

On se verra la prochaine fois.

옹쓰베하 라프호쉔푸아

se verra : se voir(서로 보다, 만나다)의 미래형

Chapitre 07 식사를 제의할 때

집에 초대된 손님들이 오기를 기다리며 거실에서 식욕 촉진 음료(apéritif 아뻬히띠프)를 마십니다. 모두 모이면 식탁으로 옮겨 주인이 정해주는 자리에 앉게 됩니다. 식사를 하기 전에 Bon appétit(보나뻬띠, 맛있게 드세요)라고 서로에게 인사하고, 각자 먹을 만큼 자신의 접시에 담아 먹습니다. 술과 물 같은 음료는 대부분 남자 주인이 따라줍니다. 더 가져다 먹으면, 음식이 맛있다는 표현이므로 주인이 기뻐합니다. 단, 남기지 않도록 조심합니다.

Unité 1 식사를 제의할 때

🌸 같이 점심 먹을까요?

On déjeune ensemble?

옹데죈 엉썽블

> on을 주어로 의문문을 만들면 청유의 뜻이 된다.

🌸 저랑 점심 식사 같이 하실래요?

Voulez-vous déjeuner avec moi?

불레부 데죄네 아벡무아

🌸 저녁 먹으러 나갈까요?

On sort pour dîner?

옹쏘흐 뿌흐디네

> sortir는 '외출하다, 나가다'의 뜻이며, 그 명사형은 sortie(출구)이다.

🌸 식당에 갈까요?

On va au restaurant?

옹바 오헤스또헝

🌸 뭐 좀 드십시다.

On mange quelque chose.

옹멍쥬 껠끄쇼즈

> 평서문이 명령이나 지시를 나타낼 수 있다. 이 문장을 직역하면 '우리는 무언가를 먹는다'이다.

✿ 샌드위치 먹으러 갈까요?

On va manger un sandwich?

옹바멍줴 앵썽드위추

sandwich에서 ch[추]는
받침으로 약하게 발음한다.

✿ 점심에 뭘 드시겠어요?

Qu'est-ce que vous prenez pour le déjeuner?

께스끄 부프허네 뿌흐 르데죄네

✿ 어기에서 먹을까요?

On mange ici?

옹멍쥬 이씨

Unité 2 자신이 계산하려고 할 때

✿ 계산서 주세요.

L'addition, s'il vous plaît.

라디씨옹 씰부쁠래

s'il vous plaît는 영어의 please의
뜻으로 무엇인가를 부탁하거나
요구할 때 간단히 사용한다.

✿ 제가 낼께요.

C'est moi qui paye.

쎄무아 끼빼이

✿ 제가 초대하는 겁니다.

Je vous invite.

쥬부쟁비뜨

<대명사 + (모음으로 시작하는)
동사>는 연음해야 한다.

✿ 각자 냅시다.

On partage.

옹 빠흐따쥬

partager 나누다, 공유하다

✿ 잔돈 가지세요.

Gardez la monnaie.

갸흐데 라모내

프랑스어로 monnaie는 잔돈, 거스름돈이나
화폐라는 의미로 사용된다. 단순히
돈이라는 단어는 '은(銀)'이라는 뜻이기도
한 argent[아흐정]을 사용한다.

Partie 3

유창한 대화를 위한 표현

프랑스어는 존댓말(vous)과 반말(tu)이 있습니다. 우리말의 반말과 존댓말 사용법과 비슷한데, 근본적인 차이는 반말은 친근감의 표현이라는 것입니다. 우리는 처음 만나거나, 윗사람 또는 연장자에게 존댓말을 하지만, 프랑스에서는 나이가 많아도 친하면 반말을 합니다. 경칭인 Monsieur(결혼 유무와 상관없이 남자를 부를 때), Madame(부인, 결혼한 여자를 부를 때), Mademoiselle(아가씨, 미혼의 여인을 부를 때)과 함께 반말을 사용할 수는 없습니다. 반면 이름을 부르는 사이에서는 친밀도에 따라 존댓말과 반말이 선택사용 됩니다.

Chapitre 01 질문을 할 때

의문문은 의문사를 이용한 의문문과 의문사가 없는 의문문으로 구분됩니다. 의문사가 있으면 그것에 대한 대답을, 의문사가 없는 긍정의문문에는 oui / non 으로, 부정의문문에 대해서는 si / non으로 대답합니다. 프랑스어의 의문사는 명사와 함께 사용하는 의문형용사(quel / quelle / quels / quelles), 사람과 사물을 대신하는 의문대명사(qui 누구 / que 무엇), 그리고 의문부사(quand 언제 / où 어디에서 / comment 어떻게 / combien 얼마나 / pourquoi 왜)가 존재합니다.

Unité 1 질문을 할 때

질문 있습니다.
J'ai une question.
줴 윈께쓰띠옹

당신께 드릴 질문이 몇 개 있어요.
J'ai des questions à vous poser.
줴 데께스띠옹 아부뽀제

'질문하다' 라는 프랑스어는 poser une question[뽀제 윈 께스띠옹]이다. 질문이 여럿일 때는 des questions[데 께스띠옹]이라고 하면 된다.

질문해도 될까요?
Puis-je vous poser une question?
쀠쥬 부뽀제 윈께쓰띠옹

사적인 질문해도 되나요?
Je peux vous poser une question personnelle?
쥬뾔 부뽀제 윈께쓰띠옹 뻬흐쏘넬

뭐 좀 여쭤봐도 될까요?
Je peux vous demander quelque chose?
쥬뾔 부드멍데 껠끄쇼즈

✿ 누구에게 여쭤봐야 하나요?
À qui est-ce que j'adresse la parole?
아끼 에쓰끄 쟈드헤쓰 라빠홀

adresser la parole 말을 걸다, 묻다

✿ 이것을 프랑스어로 뭐라 합니까?
Comment ça se dit en français?
꼬멍 싸쓰디 엉프헝쎄

se dire / se prononcer는 대명동사인데, 주어가 사물이면서 대명동사를 사용하면 수동적인 의미가 된다. 그래서 dire는 '말하다', se dire는 '말해지다', prononcer는 '발음하다', se prononcer는 '발음되다' 라는 뜻이 된다.

✿ 이 단어는 어떻게 발음하죠?
Comment ça se prononce, ce mot?
꼬멍 싸쓰 프호농쓰, 쓰모

✿ 질문을 잘 들으세요!
Écoutez bien mes questions!
에꾸떼 비앙 메께쓰띠옹

✿ 제 말을 들어주세요!
Écoutez-moi!
에꾸떼 무아

✿ 제 질문에 답해 주세요.
Répondez à mes questions, s'il vous plaît.
헤뽕데 아메께쓰띠옹, 씰부쁠래

Répondez에서 'r'는 목젖을 울려 발음한다.

✿ 질문 있으세요?
Avez-vous des questions?
아베부 데께쓰띠옹

Avez-vous~?는 Vous avez~?라고 활용될 수도 있으며, '~을 가지고 계세요?' 또는 '~이 있으세요' 라고 묻고 싶을 때 사용한다.

✿ 다른 질문 없으세요?
Vous n'avez pas d'autres questions?
부나베빠 도트흐 께쓰띠옹

✿ 좋은 질문입니다.

C'est une bonne question.

쎄뛴 본께스띠옹

✿ 이제 그만 됐습니다.

Ça suffit.

싸쒸피

✿ 오늘은 이것으로 마치겠습니다.

C'est fini pour aujourd'hui.

쎄피니 뿌흐오쥬흐뒤

✿ 답변하고 싶지 않습니다.

Je ne veux pas vous répondre.

쥬느뵈빠 부헤뽕드흐

> <Je ne veux pas + 명사 [동사]>는 '~을 원치 않습니다' / <Je ne peux pas + 동사원형>은 '~할 수 없습니다' 이 구문들은 정말 자주 활용할 수 있는 표현들이다.

✿ 답변해 드릴 수 없습니다.

Je ne peux pas vous répondre.

쥬느쀠빠 부헤뽕드흐

✿ 답변하지 않겠습니다.

Pas de commentaire.

빠드 꼬멍떼흐

> 영어의 no comment와 같은 표현이다.

✿ 어떻게 대답해야할지 모르겠습니다.

Je ne sais pas comment vous répondre.

쥬느쌔빠 꼬멍 부헤뽕드흐

✿ 모르겠습니다.

Je ne sais pas.

쥬느쎄빠

Chapitre 02 응답할 때

프랑스 사람들을 합리주의의 아버지인 데카르트 Descartes 의 후손이라고 부릅니다. 이는 그들이 그만큼 객관적이고 논리적인 의사표현에 능하다는 말입니다. 질문에 대한 가장 간단한 대답은 oui, non이겠지만, 그것 이외에 더 세밀하고 정확하게 의사를 전달할 수 있는 다른 다양한 표현들을 익혀두는 것이 좋습니다. 또한 프랑스에서는 표현하지 않으면 모르는 것이라 간주하기 때문에, 침묵이 미덕이 될 수 없습니다. 어렵더라도 분명히 자신의 의견을 밝히는 훈련을 해야 합니다.

Unité 1 긍정의 마음을 전할 때

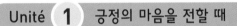

🌸 예. 알겠습니다.
Oui, d'accord.
위 다꼬흐

d'accord 동의하다

🌸 예. 감사합니다.
Oui, merci.
위. 멕씨

🌸 예. 좋죠.
Oui, volontiers.
위, 볼롱띠에

volontiers 기꺼이

🌸 예, 부탁드려요.
Oui, s'il vous plaît.
위, 씰부쁠래

🌸 괜찮아요.
Ça va.
싸바

Partie 03 | 유창한 대화를 위한 표현

✿ 확실히 그렇죠.
Certainement.
쎄흐땐느멍

✿ 물론이죠.
Bien sûr.
비앵쉬흐

✿ 맞습니다.
Exactement. / C'est vrai.
에그작뜨멍 / 쎄 브해

exactement 정확히

✿ 당신 말이 맞습니다.
Vous avez raison.
부자베 해종

raison은 '이성, 합리'의 뜻을 가지므로,
avoir raison하면 '이성을 가지다'고
하여, '옳다'란 뜻으로 활용된다.

✿ 알겠습니다. 그렇군요.
Je vois.
쥬 부아

✿ 전적으로 그렇습니다.
Absolument.
압쏠뤼멍

✿ 당신 의견에 동의합니다.
Je suis d'accord avec vous.
쥬쉬 다꼬흐 아벡부

être de~는 소속이나 특성을
나타내는 표현이다.

✿ 저도 당신의 의견과 같습니다.
Je suis de votre avis.
쥬쉬 드보트흐아비

avis 생각, 의견

✿ 저도 동감입니다.
Je suis du même avis.
쥬쉬 뒤맴아비

même 같은, 동일한

70

Unité 2 부정의 마음을 전할 때

✿ 아니요.
Non.
농

✿ 절대 아닙니다.
Mais non
매농

> mais를 첨가해 강조

✿ 절대 그렇지 않습니다.
Absolument pas.
압솔뤼멍 빠

✿ 지금은 안돼요.
Pas maintenant.
빠 맹뜨넝

✿ 결코(전혀) 그렇지 않아요.
Jamais. / Pas du tout.
쟈매 / 빠뒤뚜

✿ 유감스럽지만, 할 수가 없네요.
Désolé(e), je ne peux pas.
데졸레, 쥬느쁴빠

✿ 그건 몰랐습니다.
Je ne le savais pas.
쥬느르 싸배빠

> savais는 '알다'의 반과거형

✿ 금시초문입니다!
C'est du nouveau!
쎄 뒤 누보

nouveau 새로운

Partie 03 | 우정한 대화를 위한 표현

✿ 그럴 것 같지 않습니다.

Je ne pense pas.

쥬느 뻥쓰빠

penser 생각하다

✿ 괜찮아요. / 아무렇지 않아요.

Ça va. / Ce n'est rien. / Ça ne fait rien.

싸바 / 쓰네 히앵 / 싸느패 히앵

✿ 심각하지 않아요. 별일 아니에요.

Ce n'est pas grave.

쓰네빠 그하브

✿ 아직이요.

Pas encore.

빠정꼬흐

✿ 물론 아니죠.

Bien sûr que non.

비앵 쉬흐 끄농

Unité 3 불확실 · 의심의 마음을 전할 때

✿ 그럴 수 있어요.

C'est possible.

쎄뽀씨블

✿ 그럴지도 모르겠어요.

Il se peut.

일쓰뾔

✿ 아마도.

Peut-être.

뾔떼트흐

peut에서 eu는 [외]처럼
[오]입에 [에]를 소리 낸다.

✪ (그렇다고) 들었어요.

J'ai entendu parler.

쩨 엉떵뒤 빠흘레

parler(말하다)는 entendre(듣다)의
목적어이고, J'ai entendu는 '듣다'의
복합과거형이다.

✪ 그랬으면 좋겠네요.

Je l'espère.

쥬레스뻬흐

✪ 경우에 따라 다릅니다.

Ça dépend.

싸데뻥

프랑스에서의 사무적인 일처리는 누구를
만나느냐 어떤 상황이냐에 따라 다른 경우가
많다. 그런 경우를 Ça dépend이라고 한다.

✪ 그럴 줄 알았습니다.

Je m'en doutais.

쥬멍 두때

se douter는 '의심하다'라는 뜻으로, en(그것에
대해) '의심하고 있었다'라는 과거의 상태나
묘사를 나타내는 반과거형태이다.

✪ 믿을 수 없어요.

Je ne peux pas croire ça.

쥬느쁴빠 크후아흐 싸

✪ 정말요?

C'est vrai?

쎄브해

vrai(참된, 진실된)은 형용사이고 그것에서
파생된 부사가 vraiment(진짜로, 정말)이다.

✪ 진짜요?

Vraiment?

브해멍

✪ 이상하군요.

C'est bizarre.

쎄 비자흐

bizarre 이상한

Partie 03 | 유연한 대화를 위한 표현

Chapitre 03 맞장구를 칠 때

상대방의 말을 긍정적으로 받아들이고 싶을 때는 C'est vrai(쎄브해, 맞습니다), Tout à fait(뚜따패, 당연하죠), Bien sûr(비앵쉬흐, 물론이죠) 등으로 답합니다. 부정적으로 생각할 때는 Ce n'est pas vrai(쓰네빠브해, 아니에요), Je ne pense pas(쥬느뺑쓰빠, 그렇게 생각하지 않습니다) 등으로 표현합니다. 또한 상대방의 말에 놀랐을 때는 Ce n'est pas possible(쓰네빠뽀씨블, 말도 안돼요), Vous plaisantez(부쁠래정떼, 농담하세요?) 등으로 화답하면 됩니다.

Unité 1 상대의 말에 동의할 때

❈ 맞아요.
C'est vrai.
쎄 브해

❈ 바로 그거예요.
C'est ça.
쎄싸

❈ 전적으로 그래요.
Tout à fait.
뚜따패

❈ 물론이죠.
Bien sûr.
비앵 쉬흐

❈ 당연하죠.
C'est normal.
쎄 노흐말

✿ 동의합니다.
Je suis d'accord.
쥬쉬 다꼬흐

✿ 저도 그래요.
Moi aussi.
무아 오씨

> aussi는 '또한, 역시'라는 뜻의 부사이고,
> 이때 인칭대명사는 강세형을 사용한다.

✿ 제가 말씀드리고 싶었던 것이 그거예요.
C'est ce que je voulais dire.
쎄쓰끄 쥬블래 디흐

> voulais는 vouloir(원하다)의 반과거형으로
> 과거의 진행이나 상태를 표시한다. '~하기를
> 원했었다'라고 해석하면 된다.

✿ 정말 그래요.
Absolument.
압쏠뤼멍

✿ (아주) 좋아요.
C'est (très) bien.
쎄 (트해) 비앵

✿ 좋은 생각이에요.
Bonne idée.
보니데

✿ 당신이 옳으세요.
Vous avez raison.
부자베 해종

✿ 찬성입니다.
Je suis pour.
쥬쉬 뿌흐

> pour는 찬성할 때, contre는
> 반대할 때 사용한다.

✿ 그렇게 하면 좋을 겁니다.
Ce sera bien ainsi.
쓰쓰하 비앵 앵씨

> sera는 être동사의 미래형이다.

✿ 그렇고 말고요.

Assurément

아쒸헤멍

✿ 아마도...

Peut-être...

쁴뻬트흐

✿ 그럴지도 몰라요.

Probablement.

프호바블르멍

✿ 그럴 수도 있어요.

C'est possible.

쎄 뽀씨블

✿ 그럴 거라고 생각합니다.

Je suppose.

쥬 쉬뽀즈

✿ 그렇기를 바랍니다.

Je l'espère.

쥬 레스뻬흐

✿ 저도 그렇게 생각합니다.

Je le pense aussi.

쥬르뻥쓰 오씨

✿ 흥미로울 것 같아요.

Ça a l'air intéressant.

싸아래흐 앵떼헤썽

> avoir l'air(~처럼 보이다, ~같다) 뒤에
> 명사나 형용사 등의 속사가 따른다.

✿ 그런가요?
Est-ce vrai?
에쓰 브해

✿ 설마, 농담이겠죠.
Sans blague.
썽 블라그

✿ 그럴 리가요!
Allons donc.
알롱 동끄

✿ 그럴 리가 없어요.
Ça m'étonnerait.
싸메똔느해

> étonner 동사의 조건법을 사용하여,
> 그렇다면 그 일로 인해 내가 놀라게
> 될 것이라는 가정을 표현한다.

✿ 아니요. 그렇게 생각하지 않습니다.
Non, je ne pense pas
농 쥬느뻥쓰빠

✿ 저도 그렇지 않아요.
Moi non plus.
무아 농쁠뤼

> non plus는 부정문에서 또한 역시의
> 뜻이며, 긍정문에서는 aussi를 사용한다.

✿ 확신하지 못하겠어요.
Je n'en suis pas sûr(e).
쥬넝쒸빠 쉬흐

✿ 가능하지 않은 일이에요.
Ce n'est pas possible.
쓰네빠 뽀시블

Partie 03 | 유창한 대화를 위한 표현

77

✿ 불가능해요.
C'est impossible.
쎄앵뽀씨블

✿ 말도 안돼요.
Ce n'est pas logique.
쓰네빠 로지끄

logique 논리적인

Unité **4** 잠시 생각할 때

✿ 글쎄요...
Hum... / Euh...
음... / 으...

✿ 두고 봅시다.
On va voir.
옹바 부아흐

voir는 '보다'의 근접미래형이다.

✿ 보면 알겠죠.
On verra bien.
옹베하 비앵

verra는 voir의 미래형

✿ 뭐랄까...
Que dirais-je?
끄 디해쥬

dire(말하다)의 조건법의 형태로, '무슨 말을 하면 좋을까?'라는 의미이다.

Chapitre 04 되물음과 이해를 나타낼 때

이해가 잘 되지 않았거나, 못 알아들었을 때는 Pardon?(빠흐동)이라고 하면 됩니다. 비슷한 표현으로 Quoi?(꾸아, 뭐라구요?)와 comment?(꼬멍)이 있는데, quoi보다는 comment이 어감상 더 부드럽습니다. 너무 빨리 말할 때는, doucement(두쓰멍, 천천히요)이라고 합니다. 더불어 부탁의 표현 끝에, s'il vous plaît(씰부쁠래, 부탁드립니다)를 첨가하면 더 공손해집니다.

Unité 1 되물을 때

 예?
Pardon?
빠흐동

🌸 뭐라구요?
Hein?
앵

🌸 뭐라구요?
Comment?
꼬멍

🌸 뭐라고 하시는 거예요?
Que dites-vous?
끄 디뜨부

🌸 뭐하고 하셨어요?
Qu'est-ce que vous avez dit?
께쓰끄 부자베 디

> 프랑스어로 무엇이라는 의문사는 que인데, 문법적인 첨사인 est-ce que를 붙여 Qu'est-ce que라고 주로 사용한다.

✿ 맞습니까?

C'est ça?

쎄싸

✿ 말씀하신 내용이 맞습니까?

C'est ce que vous avez dit?

쎄쓰끄 부자베 디

Unité **2** 잘 알아듣지 못했을 때

✿ 다시 말씀해 주시겠어요?

Je vous demande pardon?

쥬부 드멍드 빠흐동

✿ 한 번 더 말씀해 주세요.

Répétez, s'il vous plaît.

헤뻬떼 씨부쁠래

répéter 반복하다

✿ 다시 한 번 더 말씀해 주실 수 있으세요?

Pouvez-vous répéter, s'il vous plaît.

뿌베부 헤뻬떼 씰부쁠래

✿ 다시 한 번 말씀해 주시기 바랍니다.

Veuillez répéter s'il vous plaît

봬이에 헤뻬떼 씰부쁠래

✿ 다시 말씀해 주세요.

Encore une fois, s'il vous plaît.

엉꼬흐 윈푸아, 씰부쁠래

encore는 우리말로 '앵콜'이라고 쓰는
단어로 '또 다시, 한 번 더'의 뜻이다.

✿ 죄송합니다. 이해를 못했어요.

Désolé(e). Je n'ai pas compris.

데졸레. 쥬내빠 꽁프히

compris 이해한, 이해된

✿ 제가 알아듣기에는 말씀이 너무 빠릅니다.
Vous parlez trop vite pour moi.
부 빠흘레 트호비뜨 푸흐무아

trop는 '너무, 지나치게'의 의미로 부정적인 뜻을 내포하고 있기 때문에 사용에 주의해야 한다.

✿ 천천히 말씀해 주세요.
Doucement, s'il vous plaît.
두쓰멍 씰부쁠래

doucement 부드럽게, 천천히

✿ 전혀 이해하지 못하겠어요.
Je ne comprends rien.
쥬느 꽁프헝 히앵

mal(잘못)은 bien(잘)의 반대말이다. ne ~ pas라는 부정표현을 쓰지 않고, 부사만으로도 부정적인 뜻을 전달할 수 있다.

✿ 말씀이 잘 안 들려요.
Je vous entends mal.
쥬부 정떵 말

✿ 좀 더 크게 말씀해 주세요.
Parlez plus fort, s'il vous plaît.
빠흘레 쁠뤼 포흐 씰부쁠래

✿ 무슨 말씀 하시고 싶으신 거예요?
Qu'est-ce que vous voulez dire?
께쓰끄 부불래 디흐

vouloir dire는 직역하면 '말하고 싶다'이지만 '~을 의미하다'란 뜻으로 사용되면 signifier와 동일한 의미를 가진다.

✿ 무슨 뜻입니까?
Qu'est-ce que ça veut dire?
께쓰끄 싸뵈디흐

Unité **3** 이해 여부를 재확인 할 때

✿ 이해하시겠어요?
Vous comprenez?
부 꽁프허네

❀ 이해했나요?

Compris?

꽁프히

❀ 이해 되나요?

Est-ce clair?

에쓰 끌래흐

clair 명확한, 밝은

❀ 이해하셨어요?

Avez-vous compris?

아베부 꽁프히

❀ 제가 드리고 싶은 말씀을 이해하시나요?

Vous comprenez ce que je veux dire?

부꽁프허네 쓰끄 쥬뵈디흐

vouloir dire는 직역하면 '말하고 싶다'이지만 '~을 의미하다'란 뜻으로 사용되면 signifier와 동일한 의미를 가진다.

❀ 제가 한 말을 이해하시겠어요?

Comprenez-vous ce que j'ai dit?

꽁프허네부 쓰끄 줴디

ce que j'ai dit 내가 말한 것

❀ 무슨 의미인지 이해하시나요?

Vous comprenez ce que ça veut dire?

부꽁프허네 쓰끄 싸뵈디흐

ce que ça veut dire 그것이 의미하는 것

Unité 4 이해를 했을 때

❀ 이해해요.

Je comprends.

쥬 꽁프헝

❀ 이해했어요.

J'ai compris.

줴 꽁프히

✿ 알겠습니다.
Je vois.
쥬부아

I see와 같은 의미

✿ 알겠어요.
(C'est) Entendu.
(쎄) 엉떵뒤

알아들었다는 의미

✿ 분명히 알겠습니다.
J'y vois clair.
쥐 부아 끌래흐

✿ 당신을 이해합니다.
Je vous comprends.
쥬부 꽁프헝

✿ 이해할 만하군요.
C'est compréhensible.
쎄 꽁프헤헝씨블

Unité 5 이해를 못했을 때

✿ 이해가 안 됩니다.
Je ne comprends pas.
쥬느 꽁프헝빠

✿ 무슨 말씀 하시는지 모르겠어요.
Je ne sais pas ce que vous voulez dire.
쥬 느 쌔빠 쓰끄 부불레 디흐

ce que는 ~한 것, j'ai dit는
'나는 말했다'의 뜻이다. 서로
합쳐져 '내가 말한 것'이 된다.

✿ 이해하기 어렵군요.
C'est difficile à comprendre.
쎄디피씰 아꽁프헝드흐

<c'est difficile à + 동사원형>은 '(앞의
사항이) ~하기 어렵다'라는 뜻이다.

83

Chapitre 05 제안과 권유를 할 때

구어체에서 무엇인가를 쉽게 제안할 때는, On va au cinéma?(옹 바오씨네마, 영화보러 갈래요?)처럼, On이라는 인칭대명사를 써서 의문문을 만들면 됩니다. 반대로 어떤 제안을 받았을 때는 Merci(멕씨)라고 감사한 후, 가능 여부를 알려줍니다. 제안을 수용할 수 없을 경우는 미안하다(désolé 데졸레)고 말하고, Je suis déjà pris(e)(쥬쉬데쟈 프리(즈), 선약이 있어요), 또는 J'ai des choses à faire(줴 데쇼즈아패흐, 해야 할 일이 있어요) 등 그 이유를 설명하는 것이 좋습니다.

Unité 1 무언가를 제안할 때

❂ 좋은 생각이 있습니다.
J'ai une idée.
줴 윈이데

❂ 어떻게 생각하세요?
Qu'est-ce que vous en pensez?
께스끄 부정뻥쎄

> penser de~는 '~에 대해 생각하다'라는 표현인데, 대체로 의견을 물을 때 사용한다. de~를 en이라는 중성대명사로 받아 앞에 놓으면 '그것에 대해'라는 뜻이 된다.

❂ 바람 좀 쐅시다.
On prend l'air.
옹 프헝 래흐

> '바람 쐬다'라는 표현은 프랑스어로도 동일하게 prendre(영어의 take) l'air(공기)이다.

❂ 잠깐 쉅시다.
On fait une pause.
옹패 윈뽀즈

faire une pause 잠시 쉬다

❂ 좋을 대로 하세요.
Faites comme vous voudrez.
패뜨 꼼 부부드헤

comme ~처럼, ~대로

Unité 2 청유할 때

✿ 테니스 치러 가실래요?

On va jouer au tennis?

옹바 주에 오떼니쓰

> jouer는 영어의 play의 뜻으로, 〈jouer à + 운동, 놀이〉, 〈jouer de + 악기〉로 활용된다.

✿ 영화보러 가실래요?

On va au cinéma?

옹바 오씨네마

✿ 괜찮으면 같이 가시죠.

Venez avec nous, si vous voulez.

브네 아벡누, 씨부불레

✿ 저랑 쇼핑하러 가실래요?

Vous voulez faire du shopping avec moi?

부불레 패흐뒤쇼핑 아벡무아

faire du shopping 쇼핑하다

✿ 커피 한 잔 드릴까요?

Voulez-vous un café?

불레부 앵까페

> 〈Voulez-vous + 명사 [동사]? (~을 원하십니까?)〉는 상대방에게 의향을 물을 때 사용하는 유용한 패턴이다.

✿ 한잔 하러 가실래요?

On va prendre un verre?

옹바 프헝드흐 앵베흐

un verre (유리) 잔

✿ 갑시다.

On y va.

온니바

✿ 시작합시다. / 갑시다.

Allons-y.

알롱지

✿ 먼저 하십시오.
Vous d'abord.
부 다보흐

✿ 당신 다음에 할께요. (갈께요)
Après vous.
아프헤 부

영어의 after you의 의미이다.

✿ 저녁 같이 드실래요?
On va dîner ensemble?
옹바 디네 엉썽블

✿ 연극 보러 가는 것 어떠세요?
Que diriez-vous d'aller au théâtre?
끄디히에부 달레오떼아트흐

Que diriez-vous de~?(직역 : 당신은 ~에
대해 무엇이라고 말씀하실 건가요?)는
상대방에게 ~에 대해 의견을 물을 때
사용할 수 있는 공손한 표현이다.

Unité 3 제안, 청유에 응할 때

✿ 좋습니다.
D'accord.
다꼬흐

✿ 예, 그렇게 하겠습니다.
Oui, je vais le faire.
위, 쥬배르페흐

le는 정관사 남성단수나 직접목적대명사
3인칭 남성단수 형태가 될 수 있다. 여기는
직목대명사로 '그것을'이라는 뜻이다.

✿ 원하시면 같이 가 드리겠습니다.
Je vous accompagne, si vous voulez.
쥬부자꽁빠뉴, 씨부불레

✿ 감사합니다. 그렇게 해주세요.
Merci, s'il vous plaît.
멕씨, 씰부쁠래

✿ 원하시는 대로 하세요.

Comme vous voulez.

꼼부불레

✿ 좋은 생각이세요.

C'est une très bonne idée.

쎄뛴 트헤 본이데

> très(매우, 아주)는 영어의 very와 동일하며, 형용사나 부사를 수식한다.

✿ 좋아 보여요.

Ça a l'air bien.

싸아 래흐 비앵

> bien(잘, 좋은)은 부사이지만 bon처럼 '좋은'이라는 형용사로 사용 가능하다. 명사의 성수에 일치하지는 않는다.

Unité 4 제안, 청유를 거절할 때

✿ 그럴 마음이 없습니다.

Cela ne me dit rien.

쓸라 느므디 히앵

✿ 그럴 기분이 아닙니다.

Je ne suis pas d'humeur.

쥬느쉬빠 뒤매흐

> être d'humeur는 '~할 기분이다'란 표현이고, 이것이 부정문이 되어, '그럴 기분이 아니다'라는 뜻이 된다.

✿ 고맙지만, 됐습니다.

Non, merci.

농 멕씨

✿ 그럴 생각이 없습니다.

Je n'ai pas envie.

쥬내빠 엉비

envie 욕구, 갈망

✿ 다음에나 합시다.

La prochaine fois, peut-être.

라 포호쉔 푸아, 쀠떼트흐

la prochaine fois 다음 번

Chapitre 06 부탁을 할 때

무언가를 부탁해야 할 때는 분명하게 말하는 것이 좋습니다. 상대를 배려하여 망설이는 것이 더 난처한 상황을 만들 수 있습니다. 명사나 동사와 함께, s'il vous plaît(씰부쁠래)를 사용하면 간단한 부탁의 표현이 됩니다. 좀 더 예의를 갖춰 Pouvez-vous~?(뿌베부)나 Voulez-vous~?(불레부) Puis-je~?(쀠쥬)로 표현할 수도 있습니다. Je voudrais~(쥬드르해) Pourriez-vous~?(뿌히에부)등의 조건법을 사용하면 더욱 더 정중한 부탁이 됩니다.

Unité 1 부탁을 할 때

🌸 부탁하나 해도 될까요?

Je peux vous demander quelque chose?
쥬쁘 부드멍데 껠끄쇼즈

🌸 제 부탁 하나만 들어 주실 수 있으세요?

Pouvez-vous me rendre un service?
뿌베부 므헝드흐 앵쎄흐비스

> rendre un service 부탁을 들어주다

🌸 뭐 좀 부탁드려도 될까요?

Je voudrais vous demander quelque chose.
쥬부드해 부드멍데 껠끄쇼즈

> <Je voudrais + 명사 / 동사>는 vouloir(원하다)의 조건법으로 공손하게 무엇인가를 부탁할 때 사용한다. 유용한 표현이니 꼭 익혀두길 바란다.

🌸 자그마한 부탁 하나 드려도 될까요?

Puis-je vous demander un petit service?
쀠쥬 부드멍데 앵쁘띠 세흐비쓰

🌸 저를 좀 도와주시겠어요?

Pouvez-vous me donner un coup de main?
뿌베부 므도네 앵꾸드맹

> donner un coup de main 도와주다

☼ 도와주세요.
Aidez-moi, s'il vous plaît.
애데무아, 씰부쁠래

> aider(도와주다) 동사의 명령형이다.

☼ 폐를 끼치는 건 아닌가요?
Ça ne vous dérange pas?
쌰느부 데헝쥬빠

> 직역하면 '이것이 당신을 귀찮게 하는 것은 아닌가요?' 이다.

☼ 제가 성가시게 하지는 않는지요?
Je ne vous dérange pas?
쥬느부 데헝쥬빠

☼ 잠시 실례하겠습니다.
Vous permettez?
부 뻬흐메떼

> 직역하면 '당신이 허락할까요?' 의 뜻이다.

Unité 2 구체적으로 부탁할 때

☼ 태워다 주실 수 있으세요?
Pouvez-vous m'accompagner en voiture?
뿌베부 마꽁빠녜 엉부아뛰흐

accompagner 동반하다, 수반하다

☼ 제가 차를 쓸 수 있을까요?
Puis-je prendre la voiture?
쀠쥬 프헝드흐 라부아뛰흐

> prendre는 영어의 take와 비슷. '타다, 가다, 먹다… 등' 목적어에 따라 해석이 다양하다.

☼ 당신 차를 제게 빌려주실 수 있으세요?
Pourriez-vous me prêter votre voiture?
뿌히에부 므프헤떼 보트흐 부아뛰흐

prêter 빌려주다

☼ 돈을 좀 빌릴 수 있을까요?
Puis-je emprunter de l'argent?
쀠쥬 엉프헝떼 드라흐졍

emprunter 빌리다

✿ 문 좀 닫아주세요.

Fermez la porte, s'il vous plaît.

페흐메 라뽀흐뜨, 씰부쁠래

✿ 문 좀 열어 주실래요?

Voulez-vous ouvrir la porte?

불레부 우브히흐 라뽀흐뜨

✿ 우리와 같이 가시죠.

Venez avec nous.

브네 자벡누

venez(venir)는 '오다'라는 뜻이지만 이때는
영어의 come처럼 '가다'라고 해석한다.

✿ 주소 좀 가르쳐 주시겠어요?

Puis-je avoir votre adresse?

쀠쥬 아부아흐 보트흐 아드헤스

✿ 저랑 춤 추실래요?

Voulez-vous danser avec moi?

불레부 덩쎄 아벡무아

✿ 가능한 한 빨리 제게 알려주시면 감사하겠습니다.

Je vous serais reconnaissant(e) de me faire savoir le plus tôt possible.

쥬부쓰해 흐꼬네썽(뜨) 드므페흐 싸부아흐 르쁠뤼또 뽀씨블   le plus tôt possible 가능한 한 빨리

✿ 잠깐 저를 대신해 주실 수 있으세요?

Pouvez-vous me remplacer un moment?

뿌베부 므헝쁠라쎄 앵모멍

✿ 저와 함께 있어 주시길 간청합니다.

Je vous prie de rester avec moi.

쥬부프히 드헤스떼 아벡무아.

✿ 저를 좀 내버려 주세요.

Laissez-moi tranquille!

래쎄무아 트헝낄

✿ 잠깐만 기다려 주세요.

Veuillez patienter quelques instants.

봬이에 빠씨엉떼 껠끄쟁스떵

✿ 예. 알겠습니다.

Oui, d'accord.

위 다꼬흐

✿ 문제없습니다.

Pas de problème.

빠드 프호블램

영어의 no problem과
동일한 표현이다.

✿ 뭘요. 천만예요.

À votre service!

아보트흐 쎄흐비쓰

✿ 예, 기꺼이 그러지요.

Oui, avec plaisir.

위 아벡쁠래지흐

✿ 좋죠.

Volontiers.

볼롱띠에

✿ 최선을 다하겠습니다.

Je ferai de mon mieux.

쥬프해 드몽미외

faire de son mieux는 '최선을 다하다'라는
숙어이며, faire의 미래형이다.

✿ 잊지 않겠습니다.

Je ne manquerais pas.

쥬느 멍끄해빠

✿ 천만에요.
Je vous en prie.
쥬 부정 프히

✿ 별거 아녜요.
Ce n'est pas grand chose.
쓰네빠 그헝쇼즈

> Ce n'est pas~
> ~이 아니다

✿ 해보세요.
Allez-y!
알레지

✿ 행운을 빕니다.
Bonne chance!
본 셩쓰

Unité 4 부탁을 거절할 때

✿ 안되겠는데요.
Ça ne serait pas possible.
싸느 쓰해빠 뽀씨블

> serait는 être 동사의 조건법으로
> 불확실한 미래를 나타낸다.

✿ 죄송합니다. 할 수가 없어요.
Désolé(e). Je ne peux pas.
데졸레. 쥬느 쁴빠

✿ 그렇게 할 수가 없습니다.
Je ne peux pas faire ça.
쥬느 쁴빠 페흐싸

✿ 무리한 것을 요구하지 마십시오.
Ne me demandez pas l'impossible.
느 무 드멍데빠 앵뽀씨블

> 직역하면 '저에게 불가능을
> 요구하지 마세요'라는 뜻이다.

✿ 무리한 요구입니다.

Apprenti n'est pas maître.

아프헝띠 네빠 매트흐

직역을 하면 '견습생은 스승이 아니다'라는 뜻이다.

✿ 시간이 필요합니다.

Il faut du temps.

일포 뒤떵

〈il faut + 명사〉 ~이 필요하다

✿ 제가 아직 그럴 준비가 되어 있지 않습니다.

Je ne suis pas encore prêt(e).

쥬느쉬 빠정꼬흐 프헤(뜨)

✿ 지금은 안됩니다.

Pas maintenant.

빠 맹뜨넝

✿ 다음 기회에나 고려해 봅시다.

La prochaine fois, peut-être.

라프호쉔푸아, 뾔떼트흐

Chapitre 07 대화를 시도할 때

대화를 자연스럽게 시작하려면, Comme il fait beau!(꼼일패보, 날씨가 참 좋군요)처럼 부담 없는 공통의 화제로 상대방의 주의를 끄는 것이 좋습니다. 처음 말을 걸 때는 Excusez-moi!(엑쓰뀌제무아, 실례합니다), Je ne vous dérange pas?(쥬느브데헝쥬빠, 방해가 되지 않을까요?)라고 말하며 상대방의 상황을 살피고, 상대가 괜찮다고 하면 대화를 나눕니다.

Unité 1 말을 걸 때

✿ 드릴 말씀이 있습니다.
J'ai quelque chose à vous dire.
쥬 껠끄쇼즈 아부디흐

✿ 말씀드려도 될까요?
Puis-je vous parler?
쀠쥬 부빠흘레

✿ 잠시 뵈었으면 좋겠습니다.
Je vous prie de m'accorder un petit moment.
쥬부프히 드마꼬흐데 앵쁘띠 모멍

prier de ~을 간청하다

✿ 잠깐 저를 볼 시간 있으세요?
Avez-vous le temps de me voir un moment?
아베부 르떵 드므부아흐 앵모멍

✿ 말씀 좀 나누실까요?
Je voudrais vous parler.
쥬부드해 부빠흘레

💮 방해가 안 되나요? 실례합니다.

Je ne vous dérange pas?

쥬느부 데헝쥬빠

💮 잠시 말씀 나누고 싶습니다.

J'aimerais vous parler un moment.

쥄므해 부빠흘레 앵모멍

> J'aimerais~는 aimer(좋아하다, 사랑하다)의 조건법으로 간절한 마음을 표현하거나 부탁을 정중하게 전할 때 사용한다.

💮 잠깐 드릴 말씀이 있어요.

J'ai deux mots à vous dire.

줴 되모 아부디흐

💮 따로 드릴 말씀이 있습니다.

Il faut que je vous parle seul à seul.

일포끄 쥬부 빠흘르 쐴아쐴

seul à seul 따로, 둘이서만

Unité 2 대화 도중에 말을 걸 때

💮 말씀 중에 잠깐 실례해도 될까요?

Puis-je vous interrompre un instant?

쀠쥬 부쟁떼홍프흐 앵냉스떵

interrompre 중단시키다

💮 말씀 도중에 죄송합니다만...

Excusez-moi de vous interrompre...

엑스뀌제무아 드부쟁떼홍프흐

💮 끼어 들어서 죄송합니다.

Je suis désolé(e) de vous interrompre.

쥬쉬 데졸레 드부쟁떼홍프흐

💮 김 선생님, 이야기 좀 나누실까요?

Monsieur Kim. Je peux vous parler?

므씨외 김. 쥬쀠 부빠흘레

Unité 3 용건을 물을 때

✿ 무슨 말씀 하시려구요?

De quoi voulez-vous parler?
드꾸아 불레부 빠흘레

parler de ~에 대해 말하다

✿ 제가 도와드릴 게 있나요?

Je peux faire quelque chose pour vous?
쥬쁴 패흐 껠끄쇼즈 뿌흐부

✿ 도와 드릴까요?

Je peux vous aider?
쥬쁴 부재데

✿ 무슨 일이세요?

Qu'est-ce qu'il y a?
께스낄리아

사물, 사건에 다 사용가능하다. 사물이면
'무엇이 있습니까?' 사건이면 '무슨 일이
있나요?' 라는 뜻이 된다.

✿ 무슨 문제 있으세요?

Qu'est-ce qui ne va pas?
께쓰끼느바빠

✿ 당신께 무슨 일이 있나요?

Qu'est-ce qui vous arrive?
께쓰끼 부자히브

✿ 무슨 일이세요?

Qu'est-ce que vous avez?
께쓰끄 부자베

✿ **말씀하세요.**

Je vous écoute.
쥬부 제꾸뜨

직역하면 '제가 당신의 말을
경청하고 있습니다' 라는 뜻이 된다.

Unité 4 모르는 사람에게 말을 걸 때

✿ 날이 참 좋네요. 그렇죠?
Comme il fait beau, n'est-ce pas?
꼼일페 보, 네쓰빠

> 문장 앞에 comme를 넣으면 감탄문을 이끌 수 있으며, 문장 끝의 n'est-ce pas는 부가의문형이다. 프랑스어는 영어처럼 앞의 동사에 따라 부가의문형이 바뀌지 않는다.

✿ 실례합니다. 방해되시나요?
Excusez-moi! Je vous dérange?
엑스뀌제무아, 쥬부데헝쥬

✿ 이 동네 분이세요?
Vous êtes de ce quartier?
부젯 드쓰꺄흐띠에

être de 소속을 나타낸다

✿ 프랑스어 하세요?
Vous parlez français?
부빠흘레 프헝쎄

✿ 한국어 하세요?
Vous parlez coréen?
부빠흘레 꼬헤앵

✿ 참 아름답네요.
Que c'est beau!
끄쎄보

✿ 이 자리가 비어 있나요?
Cette place est libre?
쎗 쁠라쓰 에리브흐

libre 비어있는, 자유로운

✿ 멀리 가세요?
Vous allez loin?
부잘레 루앵

loin 멀리

Chapitre 08 대화의 연결과 진행

말이 잠깐 막히거나 생각을 하면서 말하거나 할 때의 연결 표현은 상대의 기분을 거슬리지 않기 위해서 매우 중요하고, 회화에서 가장 기본적인 기술의 하나라고 할 수 있습니다. Bien(비앵)~은 좋다는 표현도 되지만, 그 다음 말로 넘어 가기 전에 공백을 채우는 표현이 될 수 있습니다.

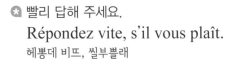

Unité 1 말을 재촉할 때

🌸 빨리 답해 주세요.

Répondez vite, s'il vous plaît.

헤뽕데 비뜨, 씰부쁠래

> vite 빨리

🌸 할 말 있으면 하세요.

Dites-moi ce que vous avez sur le cœur.

디뜨무아 쓰끄 부자베 쉬흐르꽤흐

🌸 얼른 말해 주세요.

Dites-moi tout de suite.

디뜨무아 뚜드쉬뜨

> tout de suite 즉시, 당장

🌸 어서요. 자, 해 보세요.

Allez.

알레

> allez는 '가세요' 라는 뜻이지만, 여기에서는 영어의 go처럼 상대를 응원하고, 부추기는 표현이 된다.

🌸 할 말이 있으세요?

Avez-vous quelque chose à me dire?

아베부 껠끄쇼즈 아므디흐

✿ 그래서, 당신은 뭐라고 했습니까?
Alors, qu'est-ce que vous avez dit?
알로흐 께쓰끄 부자베디

Unité 2 간단히 말할 때

✿ 간단히 말하세요.
Soyez bref.
수아예 브헤프

bref 간단한

✿ 간단히 말하자면...
Pour être bref / En un mot / En bref
뿌흐에트흐 브헾 / 언냉모 / 엉브헤프

✿ 요점만 말하세요.
Soyez succinct.
수아예 쉬쨍(뜨)

succinct 간략한

✿ 바로 요점을 말하세요.
Allez droit au but.
알레 드후아 오뷔뜨

but는 [뷔]나 [뷧]으로
발음될 수 있다.

aller droit 직진하다

Unité 3 화제를 바꿀 때

✿ 화제를 바꿉시다.
Changeons de sujet.
셩종 드쉬제

<changer de + 명사>는 '~를
바꾸다' 라는 뜻인데 de 다음의
명사가 관사 없이 사용 된다는
점에 주의하자.

✿ 화제를 바꾸세요.
Changez de musique.
셩제 드 뮈지끄

Partie 03 | 유창한 대화를 위한 표현

✿ 다른 주제로 넘어가세요.
Passez à un autre sujet.
빠세 아앵노트흐 쉬제

passer à 이동하다

✿ 다른 이야기를 합시다!
Parlons d'autres choses!
빠흘롱 도트흐 쇼즈

autre chose 다른 것

✿ 그런데, 실상은...
Au fait...
오페

✿ 그건 다른 이야기입니다.
C'est une autre histoire.
쎄뛴 오트흐 이스뚜아흐

✿ 제가 한 말을 모두 철회합니다.
Je me rétracte de tout ce que j'ai dit.
쥬므 헤트학뜨 드뚜쓰끄 줴디

✿ 제 말을 취소합니다.
Je reprends ma parole.
쥬흐프헝 마빠홀

reprendre 되찾다
parole 말

Unité **4** 말이 막힐 때

✿ 음... (뭐랄까...)
Eum...
음...

✿ 자, 제가 하려던 말은
Bien, je voulais dire....
비앵, 쥬블래 디흐...

✿ 실은...
À vrai dire...
아 브해 디흐

✿ 어찌 말씀드려야할지 모르겠네요.
Je ne sais pas comment vous le dire.
쥬느새빠 꼬멍부르디흐

comment 어떻게

✿ 어떻게 말할까요.
Comment puis-je le dire.
꼬멍 쀠쥬 르디흐

✿ 어디까지 말했죠?
On était où?
온네때 우

| Unité | **5** | 말을 꺼내거나 잠시 주저할 때 |

✿ 있잖아요... (알다시피)
Vous savez...
부싸베

✿ 생각 좀 해 볼께요.
Laissez-moi réfléchir.
래쎄무아 헤플레쉬흐

직역하면 '숙고하도록 저를
내버려 두세요' 라는 뜻이다.

✿ 주저되네요.
J'hésite.
줴지프

✿ 어떻게 말해야할지.
Comment je peux le dire.
꼬멍 쥬쀠르디흐

✿ 제가 말하고 싶었던 것은...

Je voulais dire...

쥬 블래디흐

✿ 무슨 말씀을 드려야 할까요?

Qu'est-ce que je peux vous dire?

께스끄 쥬 쀠 부디흐

✿ 내가 무슨 말을 했더라. 그래, 맞아...

Qu'est-ce que j'ai dit? Ah, oui...

께쓰끄 줴디, 아, 위

✿ 그렇다네요.

C'est comme ça.

쎄꼼싸

comme ça는 직역을 하면 '저것처럼',
comme ci는 '이것처럼' 이나. 안부를
물을 때 comme ci comme ça라 하면
'그냥 저냥' 의 뜻이 된다.

✿ 두고 봅시다.

On va voir.

옹바부아흐

✿ 생각 중입니다.

Je réfléchis.

쥬 헤플레쉬

✿ 확실하지는 않지만, ~라고 생각합니다.

Je n'en suis pas sûr(e), mais je pense...

쥬넝쉬빠 쉬흐, 매 쥬뻥쓰

✿ 제 기억이 옳다면...
Si je me souviens bien...
씨쥬므쑤비앵비앵

se souvenir는 대명동사로만 사용하는 동사로 '~를 기억하다, 회상하다' 의 뜻이다. 명사 souvenir는 영어와 달리 '추억' 이라는 뜻으로 주로 사용된다.

✿ 말하자면
Pour ainsi parler
뿌흐 앵씨 빠흘레

✿ 사실대로 말하자면
Pour dire vrai
뿌흐 디흐 브해

✿ 사실은... ~이다.
La vérité, c'est que...
라 베히떼, 쎄끄

c'est que~ ~이다

✿ 분명하지는 않지만...
Je ne suis pas certain(e)...
쥬느쉬빠 쎄흐땡(땐)

주어가 남성이면 certain[쎄흐땡], 여성이면 certaine[쎄흐땐]

✿ 굳이 대답을 해야 한다면...
Si je dois vous répondre...
씨 쥬두아 부헤뽕드흐

Chapitre 09 주의와 충고를 할 때

타인에게 주의나 충고를 하는 것은 조심스러운 일입니다. 특히 개인주의적인 프랑스사람들은 대부분 사적인 일에 간섭하지 않습니다. 무엇인가를 지시하거나 충고, 명령을 해야 할 경우에도 직선적인 명령법 외에 직설법이나 조건법이라는 특별한 형태의 동사변형을 사용해 좀 더 우회적으로 완곡하게 표현하는 경향이 있습니다.

Unité 1 주의를 줄 때

✿ 그러면 안돼요.
Il ne faut pas faire ça.
인느포빠 페흐싸

> <Il ne faut pas + 동사>는 '~해서는 안 된다' 라는 뜻의 비인칭 표현이다.

✿ 개의치 마십시오.
Ne vous embêtez pas.
느부 졍베떼빠

s'embêter 난처해지다

✿ 쓸데없는 짓 하지 마세요.
Ne créez pas d'ennuis.
느 크헤에빠 덩뉘

> 직역하면 '골치 아픈 일을 만들지 마세요' 이다.

✿ 시간 낭비하지 마세요.
Ne perdez pas votre temps.
느뻬흐데빠 보트흐떵

perdre 잃다

✿ 나쁜 친구를 사귀지 마세요.
Ne soyez pas influencé(e) par de mauvaises relations.
느수아예빠 앵플뤼엉쩨 빠흐 드모베즈 흘라씨옹

104

✿ 그에게 너무 심하게 하지 마세요.

Ne soyez pas trop dur avec lui.

느수아예빠 트호뒤흐 아벡뤼

dur 딱딱한, 엄격한, 가혹한

✿ 제 비밀을 누설하지 마세요.

Ne trahissez pas mon secret.

느 트하이세빠 몽 스크헤

trahir 배반하다

✿ 일부러 그러지 마세요.

Ne le faites pas exprès.

느르 패뜨 빠 엑스프헤

exprès 일부러

✿ 그러지 마세요.

Ne faites pas ça.

느페뜨 빠짜

✿ 그런 따위 짓은 하지 마세요.

Ne faites pas une chose pareille.

느페뜨빠 윈쇼즈 빠헤이으

✿ 그만하세요.

Arrêtez.

아헤떼

✿ 그렇게 소리 지르지 마세요.

Ne criez pas comme ça.

느 크히에 빠 꼼짜

comme ça 그렇게

✿ 좀 더 크게 말씀해 주세요.

Parlez plus fort, s'il vous plaît.

빠흘레 쁠뤼 포흐, 씰부쁠래

✿ 규칙을 지키셔야 합니다.

Il faut respecter les règles.

일포 헤스뻭떼 레헤글

✿ 자동차 조심하세요.

Faites attention aux voitures.

페뜨 자떵씨옹 오부아뛰흐

✿ 그의 말을 전부 믿지 마세요.

Ne croyez pas tout ce qu'il vous dit.

느 크후아예 빠 뚜쓰낄 부디

Unité **2** 충고를 할 때

✿ 화해하시는 것이 나을 것 같아요.

Il faudrait faire la paix.

일 포드해 패흐라빼

faire la paix는 직역하면 '평화를
만들다' 즉 '화해하다'란 뜻이다.

✿ 별로 좋지 않습니다.

Ce n'est pas bien.

쓰네빠 비앵

✿ 그렇게 하시면 안 됩니다.

Vous ne devriez pas le faire.

부느드브히에빠 르패흐

✿ 그렇게 하시면 안 되었습니다.

Vous n'auriez pas dû.

부노히에빠 뒤

조건법 과거를 사용하여
과거의 후회를 표현한다.

✿ 최선을 다 하세요.

Faites de votre mieux.

페뜨 드보트흐 미외

✿ 너무 심각하게 생각하지 마세요.

Ne le prenez pas trop au sérieux.

느르 프허네빠 트호 뽀 쎄히외

au sérieux 심각하게

🌀 마음에 담지 마세요.

Ne prenez pas les choses à cœur.

느 프허네빠 레쇼즈 아꽤흐

à cœur 마음에

🌀 말과 행동이 다르다.

Il y a loin du faire au dire.

일리아 루앙 뒤패흐 오디흐

직역하면, '행하는 것과 말하는
것 사이가 멀다' 이다.

🌀 잊지마세요.

N'oubliez pas.

누블리에 빠

🌀 자존심을 버리세요.

Mettez votre amour-propre dans votre poche.

메떼 보트흐 아무흐프호프흐 덩보트흐뽀슈

amour-propre 자존심, 자기애

🌀 기회를 잘 이용하세요.

Profitez de l'occasion.

프호피떼 드로까지옹

profiter de ~을 이용하다

Unité 3 조언을 할 때

🌀 저를 믿으세요.

Comptez sur moi.

꽁떼 쉬흐무아

🌀 감기 걸리지 않도록 주의하십시오.

Prenez garde à ne pas attraper froid.

프허네 갸흐드 아 느빠 아트하뻬 프후아

prendre garde 주의하다

🌀 건강 조심하세요.

Prenez soin de votre santé.

프허네 수앙 드보트흐 썽떼

prendre soin은 '조심하다,
살피다' 의 뜻으로 영어의 take
care of와 동일한 표현이다.

✿ 걱정하지 마세요.

Ne vous inquiétez pas.

느부 쟁끼에떼 빠

✿ 소지품 잃어버리지 마세요.

Ne perdez pas vos affaires.

느 뻬흐데 빠 보자페흐

✿ 제 충고를 잘 생각해 보세요.

Méditez mon conseil.

메디떼 몽꽁쎄이으

✿ 쓸데없는 일에 시간을 낭비하지 마세요.

Ne gaspillez pas votre temps pour des choses inutiles. gapiller 낭비하다

느 가스삐에빠 보트흐떵 뿌흐 데쇼즈 이뉘띨

✿ 쉬는 게 좋지 않겠어요?

Pourquoi vous ne restez pas au lit?

뿌흐꾸아 부느 헤스떼빠 올리

직역하면 '왜 당신은 침내에 머물러 계시지 않습니까' 이다.

✿ 일찍 일어나는 게 좋아요.

Il vaut mieux vous lever tôt.

일보 미외 부르베 또

Il vaut mieux ~하는 것이 낫다

✿ 실수할까봐 두려워하지 마세요.

N'ayez pas peur de faire une erreur.

네이에빠 뻬흐 드패흐 윈에홰흐

avoir peur(두렵다)의 부정 명령형이다.

핵심문장
동영상강의

Partie 4

거리낌 없는 감정 표현

프랑스 사람들은 개인주의적인 성향으로 타인의 사생활에 대해 깊은 관심을 표명하지 않는 반면 일상적인 인사는 습관적으로 잘합니다. 모르는 사람과도 눈이 마주치면 Bonjour라고 인사를 건넵니다. 그들의 상냥함은 특별한 의미를 내포하고 있지는 않습니다. 여러분도 프랑스인과 만나면 가볍게 Bonjour라고 인사하면 부드러운 분위기도 연출되고 그 다음 대화로 이어질 수 있는 가능성을 열어 놓게 됩니다.

그렇지만 자신의 감정에 충실한 프랑스인들이기 때문에 아침에는 상냥하다가도 오후에는 인사도 안하는 경우가 있습니다. 이 또한 개의치 마십시오. 잠시 그 사람의 신상에 일이 있었거나 일시적인 감정 변화였을 테니까요.

01 희로애락을 표현할 때

프랑스인들은 자신의 느낌을 솔직하게 잘 표현하는 편입니다. 아름다운 광경을 보고 Que c'est beau!(끄쎄보, 참 아름답다!)라고 하고, 마음에 드는 상황이나 일과 마주하면 C'est génial(쎄 제날, 멋집니다.), C'est très bien(쎄트해 비앵, 아주 좋아요) 등으로 반응을 보입니다. Je suis heureux pour vous(쥬쉬좨회 뿌흐부, 당신에게 참 잘된 일이네요, 제가 다 행복합니다)라고 말하며 상대방에게 일어난 좋은 일을 같이 기뻐하는 '공감의 미'도 보여줍니다.

Unité **1** 기쁠 때

🌸 무척 기뻐요.
Je suis très heureux(se).
쥬쉬 트해 좨회(즈)

> heureux[왜회]는 주어가 남자일 때, heureuse[왜회즈]는 주어가 여자일 때 사용한다.

🌸 몹시 기쁘네요.
Ravi(e).
하비

> ravi(e) 발음은 남여가 동일하며, 쓸 때 여자는 e를 첨가한다.

🌸 아주 기뻐요.
Je suis très content(e).
쥬쉬 트해 꽁떵(뜨)

> content[꽁떵]은 남성, contente[꽁떵뜨]는 여성형이다.

🌸 더할 나위 없이 기쁩니다.
Je suis au comble de la joie.
쥬쉬 오꽁블 들라 쥬아

> 직역하면, '저는 기쁨의 절정에 있습니다'이다.

🌸 기쁩니다.
Ça me fait plaisir.
싸므패 쁠래지흐

✿ 뛸 듯이 기쁩니다.
Je saute de joie.
쥬쏘프 드쥬아

⟨sauter de + 명사⟩는 '~로 펄쩍뛰다'란 뜻이며, 원인을 나타내는 de 다음의 명사는 관사와 함께 사용되지 않는다.

✿ 어느 때보다도 기쁩니다.
Je suis plus heureux(se) que jamais.
쥬쉬 쁠뤼 왜회(즈) 끄쟈매

✿ 정말 기쁘다!
Que je suis content(e)!
끄쥬쉬 꽁떵(뜨)

✿ 너무 기뻐서 무슨 말을 해야 할지 모르겠어요.
Je suis si heureux(se) que je ne sais quoi dire.
쥬쉬 씨 왜회(즈) 끄 쥬느세 꾸아디흐

⟨si + 형용사 / 부사] + que⟩는 '하도 형용사 / 부사]하여 que 이하 하다'라는 뜻이다.

✿ 제 아들의 성공이 참으로 기쁩니다.
Je suis ravi(e) du succès de mon fils.
쥬쉬 하비 뒤쒹쩨 드몽피스

✿ 더 이상 더 기쁠 수는 없을 것 같아.
Je ne pourrais plus être heureux(se).
쥬느 뿌해 쁠뤼 제트흐 왜회(즈)

Unité **2** 즐거울 때

✿ 재미있어요.
C'est amusant.
세따뮈정

✿ 즐기고 있어요.
Je m'amuse.
쥬 마뮈즈

✿ 즐겁습니다.

Ça fait plaisir.

싸패 쁠래지흐

✿ 몹시 즐겁습니다.

Je me réjouis.

쥬므 헤쥬이

✿ 저는 매우 만족합니다.

Je suis tout à fait content(e).

쥬쉬 뚜따패 꽁떵(뜨)

tout à fait 전적으로, 완전히

✿ 마음이 편합니다.

Je suis à l'aise.

쥬쉬 잘래즈

à l'aise (구어) 편안하게, 거리낌 없이

Unité 3 기쁜 소식을 들었을 때

✿ 그 소식을 들으면 정말 기쁘다.

Je suis ravi(e) de l'entendre.

쥬쉬 하비 드 렁떵드흐

✿ 참 좋은 소식입니다!

Quelle bonne nouvelle!

껠본 누벨

✿ 반가운 소식이네요.

C'est une bonne nouvelle.

쎄뛴 본누벨

✿ 좋은 소식 들어 기쁩니다.

Ça fait plaisir de l'entendre.

싸패 쁠래지흐 드렁떵드흐

☘ 기쁜 깜짝 뉴스네요!

Quelle bonne surprise!

껠본 쉬흐프히즈

Unité (4) 기쁠 때 외치는 소리

☘ 브라보!

Bravo!

브하보

☘ 만세!

Hourra!

우하

☘ 만세!

Vive!

비브

vive는 영어의 viva와 비슷한 표현으로
우리말로 '만세'라고 해석된다.
Vive~하면 '~만세'라는 표현이 된다.

☘ 소피 만세!

Vive Sophie!

비브 소피

☘ 야호!

Youpi!

유삐

Unité (5) 자신이 화가 날 때

☘ 알았어, 알겠다고...

D'accord. D'accord...

다꼬흐, 다꼬흐

두 단어를 이어서
권태로운 듯 발음한다.

☺ 내게 말하지 마세요

Ne me parlez pas.

느므 빠흘레 빠

☺ 당신 때문에 미치겠어요.

Vous me rendez fou(folle).

부므 헝데 푸(폴)

fou-남성형, folle-여성형

☺ 더 이상 못 참겠어.

J'en ai assez.

젼네 아쎄

assez 충분히

☺ 미치겠어요.

Je vais être fou(folle),

쥬배 제트흐 푸(폴)

☺ 짜증나.

Ça m'énerve.

싸메네흐브

énerver는 '신경질 나게 하다'라는 뜻이며, 현재분사에서 파생된 énervant이라는 형용사는 '신경질 나게 하는'이라는 능동의 뜻을 가진다.

☺ 당신이 저를 짜증나게 합니다.

Vous m'énervez.

부메네흐베

☺ 짜증나는 일이다.

C'est énervant.

쎄 떼네흐벙

Unité 6 상대방이 화가 났을 때

☺ 화나셨어요?

Êtes-vous fâché(e)?

앹부 파쉐

✿ 아직도 화나 있나요?

Êtes-vous encore fâché(e)?

앤부 엉꼬흐 파쉐

encore 아직도, 여전히

✿ 그래서 저한테 화가 나셨어요?

Êtes-vous fâché(e) contre moi pour cela?

앤부 파쉐 꽁트흐 무아 뿌흐쓸라

contre ~에 대해, 반하여

✿ 뭐 때문에 그렇게 화가 나셨어요?

Qu'est-ce qui vous met en colère?

께스끼 부메 엉꼴레흐

en colère는 '화난'이라는 뜻으로, mettre 동사와 함께 사용하면 '화나게 하다', se mettre로 대명동사가 되면 '(주어 자신이) 화나다'라는 표현이 된다.

✿ 그는 쉽게 화를 낸다.

Il se met en colère facilement.

일쓰메 떵꼴레흐 파실르멍

✿ 왜 그런지 모르겠어요.

Je ne sais pas pourquoi.

쥬느새빠 뿌흐꾸아

✿ 그는 매우 화가 나 있다.

Il est très en colère.

일레 트헤정 꼴레흐

Unité 7 화가 난 상대를 진정시킬 때

✿ 진정하세요!

Calmez-vous!

깔메부

✿ 진정하세요!

Du calme!

뒤 깔므

✿ 화내지 마세요!

Ne vous fâchez pas!

느부 파쉐 빠

✿ 사소한 일로 화내지 마세요.

Ne vous énervez pas pour rien.

느부 제네흐베 빠 뿌흐 히앵

pour rien 사소한 일로, 쓸데 없이

✿ 제발 화내지 마세요.

Ne vous mettez pas en colère, s'il vous plaît.

느부메떼빠 정꼴레흐, 씰부블래

✿ 냉정함을 잃지 마세요.

Ne perdez pas votre sang-froid.

느뻬흐데빠 보트흐 썽프후아

sang froid 냉정, 침착

✿ 저한테 화내지 마세요.

Ne le prenez pas sur moi.

느르 프허네빠 쉬흐무아

✿ 진정하세요. 그 정도도 다행이예요.

Détendez-vous! Cela pourrait être pire.

데떵데 부, 쓸라 뿌해 떼트흐 삐흐

pourrait는 가능성을 나타내는 조건법으로 '더 나쁠 수도 있었다' 는 표현이다.

Unité 8 슬플 때

✿ 안됐군요.

Hélas!

엘라스

Hélas 끝의 's'를 발음한다.

✿ 불행하게도...

Malheureusement!

말래홰즈멍

116

✿ 불쌍하기도 하지!
Le pauvre!
르 뽀브흐

✿ 안타깝네요!
Quel dommage!
껠 도마쥬

✿ 제가 비참하게 느껴지네요.
Je me sens misérable.
쥬므썽 미제하블

✿ 슬퍼요.
C'est triste.
쎄 트히스뜨

✿ 울고 싶어요.
J'ai envie de pleurer.
줴 엉비 드 쁠래헤

avoir envie de ~하고 싶다

| Unité | **9** | 우울할 때 | |

✿ 우울합니다.
Je suis déprimé(e).
쥬쉬 데프히메

✿ 꿀꿀해요.
J'ai le cafard.
줴 르 까파흐

cafard 바퀴벌레, 우울, 울적함

✿ 희망이 없어요.
Je n'ai pas d'espoir.
쥬내빠 데스뿌아흐

✿ 절망하고 있습니다.
Je suis désespéré(e).
쥬쉬 데제스뻬헤

désespéré(e)는 사람에,
désespérant은 사람/사물에 사용한다.

✿ 절망적입니다.
C'est désespérant.
쎄 데제스뻬헝

✿ 아무것도 (더 이상) 하고 싶지 않아요.
Je n'ai (plus) envie de rien.
쥬내 (쁠뤼) 정비드 히앵

✿ 어찌해 볼 도리가 없어요.
C'est sans espoir.
쎄 썽 제스뿌아흐

✿ 망했어요.
C'est foutu.
세 푸뛰

foutu 실패한, 절망적인

✿ 끝났어요.
C'est fini.
쎄 피니

Unité 10 슬픔과 우울함을 위로할 때

✿ 용기를 내세요!
(Du) courage! / Bon courage!
(뒤) 꾸하쥬 / 봉 꾸하쥬

✿ 기운을 내요!
Ne déprimez pas!
느 데프히메 빠

✿ 슬픔에 굴복하지 마세요.

Ne cédez pas à la douleur.

céder à 양보하다, 굴복하다

느 쎄데 빠 잘라 둘래흐

✿ 걱정하지 마세요. 잘 될거예요.

Ne vous en faites pas! Ça va aller.

느부정 패뜨빠, 싸바알레

Chapitre 02 놀라움과 무서움을 나타낼 때

프랑스 사람들의 솔직한 감정 표현은 우리에게 다소 과장스러워 보일 수도 있지만, 놀라움과 무서운 마음을 표현할 때는 쑥스러움을 버리고 연기하듯 그들을 흉내내는 것이 좋습니다. 우리에게 익숙한 Oh là là는 예기치 않은 놀라운 일을 보고 쓸 수 있는 표현이며, 난처한 일이나 황당한 일을 마주쳤을 때는 Oh là là나 Mon dieu라고 합니다.

Unité 1 자신이 놀랐을 때

✿ 저런, 세상에.
Oh, mon dieu.
오 몽 디외

영어의 Oh my god!과 동일한 표현이다.

✿ 큰일 났군.
Oh, ciel.
오 씨엘

✿ 저런, 아이고
Oh là là
올랄라

✿ 오, 안 돼!
Oh, non!
오 농

✿ 이게 웬일이야
Dieu me damne!
디외 므단

120

✪ 이럴 수가!
Misère!
미제흐

✪ 야호!
Tralala!
트할랄라

✪ 신난다!
C'est bath!
쎄 바뜨

✪ 뜻밖이군요!
Quelle surprise!
껠 쉬흐프리즈

✪ 놀랐습니다.
Je suis étonné(e).
쥬쉬 제또네

✪ 놀랐어요.
Je suis surpris(e).
쥬쉬 쉬흐프히(즈)

내가 남자면 surpris[쉬흐프히],
여자면 surprise[쉬흐프히즈]

✪ 믿을 수 없네요.
Je ne peux pas croire.
쥬느 쀠빠 크후아흐

✪ 말도 안 돼!
Ce n'est pas vrai!
쓰네빠브해

직역하면, '그것은 사실이 아니다'이다.

✪ 굉장한데요.
C'est génial.
세 줴냘

✿ 놀라운 일입니다.
C'est étonnant.
쎄 떼또넝

✿ 큰일 났어요.
Je suis dans le pétrin.
쥬쉬 덩르뻬트행

> 직역하면, '제가 난처한 입장에
> 처했어요' 라는 뜻이다.

✿ 놀라워요.
Incroyable.
앵크후야블

✿ 당신 때문에 놀랐어요.
Vous me faites peur.
부므 패뜨 빼흐

> peur는 '두려움, 공포' 라는 뜻으로
> avoir peur(두려움을 가지다)면
> '두려워하다', faire peur면 '두렵게
> 하다, 무섭게 하다' 라는 뜻이 된다.

✿ 내 눈을 믿을 수가 없어요.
Je ne peux pas en croire mes yeux.
쥬느뾔빠 엉크후아흐 메지외

Unité 2 상대방이 놀랐을 때

✿ 놀라셨어요?
Êtes-vous surpris(e)?
앤부 쉬흐프히(즈)

✿ 진정하세요!
Calmez-vous!
깔메부

✿ 놀라지 마세요!
Ne vous étonnez pas!
느부 제또네 빠

✿ 별일 아니에요.
Ce n'est rien.
쓰네 히앵

✿ 놀라지 마십시오.
Ne vous effrayez pas.
느 부제프헤이에 빠

s'effrayer 놀라다, 무서워하다

✿ 놀랄 것까지는 없어요.
Il n'y a rien à craindre.
인니아 히앵 아 크행드흐

à craindre 두려워 할, 걱정 할

✿ 가서 앉으시는 게 좋겠습니다.
Vous feriez mieux d'aller vous asseoir.
부프히에 미외 달레 부자수아흐.

> mieux는 '더 잘, 더 많이, 더'의 의미로 bien(잘)의 우등비교급이다.

✿ 긴장을 푸세요.
Détendez-vous.
데떵데부

✿ 숨을 깊이 쉬세요.
Respirez.
헤스삐헤

Unité 3 믿겨지지 않을 때

✿ 정말요?
Vraiment?
브해멍

✿ 믿을 수 없어요.
C'est incroyable.
쩨 땡크후야블

✿ 설마, 믿을 수 없어요.
  Ça m'étonnerait.
  싸 메똔느해

étonnerait라는 조건법을
사용하여 의구심을 표현한다.

✿ 설마 농담이겠지!
  Sans blague!
  썽 블라그

✿ 그럴리가 있나요!
  Allons donc!
  알롱 동끄

donc 끝의 'c'를 [끄]로 발음한다.

✿ 농담하시는 거죠?
  Vous plaisantez?
  부 쁠래정떼

✿ 금시초문입니다.
  C'est du nouveau.
  쎄 뒤 누보

Unité 4 무서울 때

✿ 무섭습니다.
  J'ai peur.
  줴 빼흐

✿ 끔찍합니다.
  C'est terrible.
  쎄 떼히블

✿ 무서운 일이네요.
  C'est effrayant.
  쎄 에프헤이엉

✿ 끔찍한 일입니다.

C'est épouvantable.

쎄 떼뿌벙따블

✿ 소름끼치는 일이에요.

C'est affreux.

쎄 따프회

✿ 등골이 오싹하네요.

Cela me fait froid dans le dos.

쏠라 므페 프후아 덩르도

faire froid 오싹하게 하다

✿ 오싹하게 하네요.

Ça glace le sang.

싸 글라쓰 르썽

직역하면, '그것이 피를
얼려버린다' 이다.

✿ 소름끼치게 무서웠어요.

Cela m'a donné une peur bleue.

쏠라 마도네 윈뻬흐 블뢰

✿ 살갗에 소름이 돋았어요.

J'ai la chair de poule.

줴 라쉐흐 드뿔

chaire de poule은 닭살이다. 우리말의
'닭살 돋다'와 동일한 표현이다.

Unité **5** 진정시킬 때

✿ 무서워하지 마세요!

N'ayez pas peur!

네이에빠 빼흐

✿ 아무것도 무서워할 것이 없어요.

Il n'y a rien d'effrayant.

인니아 히앵 데프해이엉

Chapitre 03 근심과 격려를 나타낼 때

위로하는 방법은 여러 가지가 있지만 상대방의 어려움과 근심을 공감하는 것이 가장 중요합니다. 상대방이 자신의 문제를 이야기하면, Ça va aller(싸바알레, 잘 될 거예요.), C'est dommage.(쎄 도마쥬, 유감입니다.), Tout ira bien(뚜띠하비앙, 모두 잘 될 거예요.) 등으로 응원의 말을 건네는 것이 좋습니다.

Unité 1 걱정을 물을 때

❀ 무슨 일이세요?
Qu'est-ce qu'il y a?
께쓰낄리아

❀ 무슨 일로 괴로워하세요?
Qu'est-ce qui vous tracasse?
께스끼 부 트하까스

직역하면, '무엇이 당신을 괴롭히나요?' 이다.

❀ 뭔 일이 있나요?
Qu'est-ce qui ne va pas?
께스끼느 바빠

❀ 문제가 있으세요?
Avez-vous un problème?
아베부 앙 프호블램

❀ 당신의 문제가 무엇입니까?
Quel est votre problème?
껠레 보트흐 프호블램

✪ 댁에 무슨 일이 있나요?

Y a-t-il un problème chez vous?

이아띨 앵 프호블램 쉐부

Y a-t-il ?은 Il y a~?의 도치의문형이다.

✪ 무슨 일이 있으십니까?

Qu'est-ce que vous avez?

께쓰끄 부자베

✪ 피곤해 보이세요.

Vous avez l'air fatigué(e).

부자베 래흐 파띠게

✪ 몸이 괜찮으세요?

Vous vous sentez bien?

부부 썽떼 비앵

se sentir 동사로, 직역하면 '당신은 당신을 좋게 느끼고 계신가요?' 이다.

✪ 우울해 보이세요.

Vous avez l'air triste.

부자베 래흐 트히스트

✪ 무슨 일이 생겼나요?

Qu'est-ce qui vous arrive?

께스끼 부자히브

✪ 제가 당신을 위해 무엇을 할까요?

Qu'est-ce que je peux faire pour vous?

께스끄 쥬쀠 패흐 뿌흐 부

pour vous 당신을 위해

✪ 의욕이 없으세요?

Vous n'avez pas le moral?

부나베빠 르모할

le moral은 '의욕, 의지'라는 뜻이고, la morale '도덕, 윤리'이니 주의하자.

✪ 무슨 문제가 있나요?

Quelque chose ne va pas?

껠끄쇼즈 느바빠

✿ 문제 없으세요?

Tout va bien?

뚜 바 비앵

Unité **2**   위로할 때

✿ 걱정하지 마세요!

Ne vous inquiétez pas!

느부 쟁끼에떼 빠

✿ 모두 잘 될 거예요.

Tout ira bien.

뚜띠하 비앵

> aller의 미래형이다.

✿ 잘 될 거예요.

Ça va aller.

싸바 알레

> aller동사의 근접미래형이다.

✿ 괜찮아요.

Ce n'est pas grave.

쓰네빠 그하브

✿ 마음 쓰지 마세요.

Ça ne fait rien.

싸느패 히앵

> 직역하면, '그것은 아무것도 만들지 않는다' 이다.

✿ 걱정하지 마세요.

Ne vous faites pas de souci.

느부 패뜨빠 드쑤씨

✿ 아무 걱정 마세요.

Aucun souci!

오깽 쑤씨

128

✿ 걱정 마세요.
Pas de souci!
빠드 쑤씨

✿ 걱정을 잊으세요.
Oubliez vos soucis!
우블리에 보 쑤씨

oublier 잊다

✿ 낙담하지 마세요.
Ne vous découragez pas.
느부 데꾸하줴 빠

courage는 '용기', encourager는 '용기를 북돋우다', décourager는 '용기를 꺽다'라는 뜻이다. 여기서는 se décourager라는 대명동사로 '스스로 낙담하다'라는 표현이다.

✿ 당신의 마음을 잘 알아요.
Je sais comment vous vous sentez.
쥬째 꼬멍 부부썽떼

✿ 없는 것보다는 나아요.
C'est mieux que rien.
째 미외 끄 히앵

Unité 3 격려할 때

✿ 자, 기운을 내세요!
Allez, courage!
알레 꾸하쥬

allez는 '가세요'가 아닌 감탄사

✿ 해보세요!
Allez-y!
알레지

✿ 하실 수 있습니다.
Vous pouvez le faire.
부 뿌베 르패흐

✪ 좀 더 힘을 내세요!
Un peu plus de force!
앵쀠 쁠뤼 드 포흐쓰

✪ 행운을 빕니다!
Bonne chance!
본 셩쓰

✪ 계속 열심히 하세요!
Bonne continuation!
본 꽁띠뉘아씨옹

✪ 당신 편입니다.
Je suis de votre côté.
쥬쉬 드보트흐 꼬떼

côté 편, 측

✪ 포기하지 마세요.
N'abandonnez pas.
나벙도네 빠

✪ 자신감을 가지세요.
Ayez confiance en vous.
애이에 꽁피엉쓰 엉부

confiance 믿음

Chapitre **04** 불만과 불평을 할 때

자신의 감정을 솔직히 나타내 보이는 것은 상대방과 친밀해 질 수 있는 좋은 방법입니다. 상황에 맞는 표현과 함께 적당한 표정과 행동을 첨가하는 것이 중요합니다. 자주 쓰는 부정적인 감정을 나타내는 형용사로는 fatigant, affreux, horrible, ennuyeux, dégoûtant, agaçant 등이 있습니다.

Unité **1** 귀찮을 때

☀ 피곤해.
 C'est fatigant.
 쎄 파띠겅

> 상황이나 일이 피곤하다는 뜻이다.

☀ 귀찮아요.
 C'est gênant.
 쎄 줴넝

☀ 성가십니다.
 Ça me dérange.
 싸므 데헝쥬

☀ 또 시작이군.
 Ça recommence.
 싸 흐꼬멍쓰

☀ 지금 바빠요. 저를 좀 내버려 두세요.
 Je suis occupé(e). Laissez-moi.
 쥬쉬 조뀌뻬. 레쎄무아

☀ 정말 귀찮군!
 Quel ennui!
 껠 엉뉘

Unité 2 　불평을 할 때

✿ 당신 또 불평이군요!

Vous vous plaignez toujours!

부부 쁠래네 뚜쥬흐

toujours 항상

✿ 무엇을 불평하고 계십니까?

De quoi vous plaignez-vous?

드꾸아 부쁠래네부

✿ 그만 좀 투덜거리세요!

Assez de pleurnicheries!

아쩨 드 쁠래흐니슈히

> assez는 '충분하다'는 뜻이지만 여기에서처럼 문맥에 따라 부정적인 의미로 사용될 수 있다.

✿ 좀 쉬지 그러세요.

Reposez-vous un peu.

흐뽀제부 앵쁘

un peu 약간

✿ 더 이상 불평하지 마세요.

Ne râlez plus.

느 할레 쁠뤼

✿ 이제 그만 좀 불평하세요.

Gardez vos plaintes pour vous.

갸흐데 보쁠랭뜨 뿌흐부

> 직역하면, '당신의 불만은 혼자 간직하세요'라는 뜻이다.

✿ 그만하세요.

Ça suffit.

싸 쒸피

✿ 됐어요.

C'est assez.

쎄 따쎄

132

Unité 3 불만을 나타낼 때

☺ 저는 만족하지 않습니다.

Je ne suis pas content(e).

쥬느 쒸빠 꽁떵(뜨)

☺ 제게 불만이 있으세요?

Avez-vous quelque chose contre moi?

아베부 껠끄쇼즈 꽁트흐 무아

☺ 무엇이 그렇게 불만족스러우세요?

De quoi êtes-vous si mécontent(e)?

드꾸아 앹부 씨 메꽁떵(뜨)

si 그렇게

Unité 4 지겹고 지루할 때

☺ 지겹다.

J'en ai assez.

젼내 아쎄

☺ 짜증난다. (구어)

J'en ai marre.

젼내 마흐

☺ 나는 내 일이 지겹다.

Je suis fatigué(e) de mon travail.

쥬쉬 파띠게 드몽 트하바이

mon travail 내 일

☺ 따분하다.

C'est ennuyeux.

쎄 떵뉘외

✿ 지겹습니다.

Je m'ennuie.

쥬멍뉘

✿ 지겨워서 죽겠다.

Je meurs d'ennui.

쥬뫠흐 덩뉘

> mourir de~는 '~로 죽다'라는 뜻이며,
> 이때 de는 원인을 나타내는 전치사로
> 다음의 명사가 관사를 동반하지 않는다.

✿ 죽을 정도로 지겹다.

Je m'ennuie à mourir.

쥬멍뉘 아 무히흐

à mourir 죽을 만큼

✿ 정말 지루하다.

C'est rasant.

쎄 하정

✿ 절대 안 끝난다.

Il ne finit jamais.

인느 피니 쟈매

✿ 이것보다 더 지루한 것을 없다.

Il n'y a rien de plus ennuyeux que ça.

인니아 히앵 드쁠뤼정뉘외 끄싸

Unité 5 짜증날 때

✿ 정말 짜증스럽다.

C'est vraiment agaçant.

쎄 브해멍 아가쌍

✿ 스트레스 쌓인다.

C'est stressant.

쎄 스트헤썽

Chapitre 05 감탄과 칭찬을 할 때

'칭찬은 고래도 춤추게 한다.'는 말처럼 너무 지나치지 않은 칭찬이라면 많이 할수록 좋습니다. 진심이 담겨 있다면 조금 지나쳐도 상관없겠죠. 단점보다는 장점을 보고, 이를 표현해 주면 됩니다. 칭찬을 받게 되면, Vous me flattez.(부므플라 떼, 과찬의 말씀이세요)라고 말하면 됩니다.

Unité 1 감탄의 기분을 나타낼 때

☆ 멋집니다. / 훌륭하네요.
Super(be) / Excellent / Magnifique
쒸뻬흐(브) / 엑쎌렁 / 마니피끄

'gn'에서 'g'는 발음되지 않는다.

☆ 정말 아름답습니다.
C'est très beau.
쎄 트해 보

☆ 경치가 멋집니다!
Quelle belle vue!
껠 벨 뷔

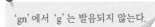
Quel(le)은 의문형용사이면서 다른 의문사들처럼 감탄사로 사용될 수 있다.

☆ (정말) 맛있어요.
C'est (très) bon.
쎄(트해)봉

☆ 잘했어요.
Bien / Bien fait.
비앙 / 비앙 패

☆ 재미있습니다.
C'est amusant.
쎄 따뮈정

✿ 엄청나네요.

C'est formidable.

쎄 포흐미다블

✿ 멋진 그림이예요!

Quel beau dessin!

껠 보 데쨍

✿ 정말 날씨가 좋네요!

Comme il fait beau!

꼼 일패 보

문장 앞에 comme를 첨가해 감탄문을 만들 수 있다.

✿ 아름다운 꽃입니다!

Quelles belles fleurs!

껠벨 플래흐

Unité 2 능력과 성과를 칭찬할 때

✿ 대단하군요.

C'est très bien.

쎄 트해비앵

✿ 잘하셨어요.

C'est bien fait.

쎄 비앵패

✿ 잘 하시는군요.

Vous vous débrouillez bien.

부부 데브후이에 비앵

se débrouiller 스스로 헤쳐 나가다, 문제를 해결하다

✿ 잘 하셨어요.

Vous avez bien fait.

부자베 비앵 패

✿ 정말 훌륭합니다!

Quelle merveille!

껠 메흐베이으

✿ 참 잘하셨어요.

Vous avez fait un bon travail.

부자베 패 앵봉 트하바이

✿ 당신이 자랑스럽습니다.

Je suis fier(ère) de vous.   être fier(ère) de ～을 자랑스러워하다

쥬쉬 피에흐 드부

✿ 나쁘지 않아요.

Ce n'est pas mal.

쓰네 빠말

Unité 3 외모를 칭찬할 때

✿ 당신은 정말 신사시군요.

Vous êtes un vrai gentleman.

부젯 앵 브해 전틀맨

> gentleman은 영어를 그대로 사용한다.
> 발음이 약간 다르다.

✿ 멋집니다.

C'est magnifique.

쎄 마니피끄

✿ 아름다우십니다.

Vous êtes beau(belle).

부젯 보(벨)

> beau는 남성, belle은 여성

✿ 나이보다 젊어 보이세요.

Vous faites plus jeune que votre âge.

부팻 쁠뤼 쟨 끄 보트흐아쥬

✿ 사내아이가 참 귀여워요.

Quel mignon garçon!

껠미뇽 꺄흐쏭

mignon 귀여운, 'g'는 발음되지 않는다.

✿ 당신은 참 아름다운 눈을 가지셨어요.

Vous avez de beaux yeux.

부자베 드보지외

✿ 멋집니다!

C'est génial!

쎄 줴냘

✿ 당신에게 잘 어울립니다.

Ça vous va bien.

싸부 바비앵

<aller à + 사람>이면 '~에게 어울리다'라는 뜻이 된다.

✿ 사진보다 훨씬 더 예쁘세요.

Vous êtes plus beau(belle) en vrai que sur les photos.

부젯 쁠뤼보(벨) 엉 브해 끄 쉬흐 레포토

✿ 건강해 보이세요.

Vous paraissez en forme.

부 빠해쎄 엉포흠

en forme 건강한, 컨디션이 좋은

✿ 참 날씬하십니다.

Vous êtes très svelte.

부젯 트해 스벨뜨

✿ 당신에게 반했습니다.

Je suis tombé(e) amoureux(se) de vous.

쥬쉬 똥베 아무회(즈) 드부

✿ 인기가 대단하시네요.

Vous avez du succès.

부자베 뒤 쐭쎄

Unité **4** 재주와 실력을 칭찬할 때

✿ 기억력이 참 좋으시군요.

Vous avez une bonne mémoire.

부자베 윈 본메무아흐

✿ 당신은 모르는 게 없군요.

Vous savez tout.

부싸베 뚜

✿ 재능이 있으세요.

Vous avez du talent.

부자베 뒤 딸렁

talent 재능, 능력

✿ 못하시는 게 있으세요?

Y a-t-il quelque chose que vous ne pouvez pas faire?

이아띨 껠끄쇼즈 끄부느뿌베빠 패흐

✿ 당신이 부럽습니다.

Je vous envie.

쥬부 졍비

✿ 그런 실력을 가진 당신이 부럽습니다.

Vous êtes enviable d'avoir une telle compétence.

부젯 엉비아블 다부아흐 윈뗄 꼼뻬떵쓰

✿ 프랑스어를 프랑스 사람처럼 잘하시네요.

Vous parlez français comme un Français.

부빠흘레 프헝쎄 꼼앵프헝쎄

✿ 당신은 참 능숙하십니다.

Vous êtes très habile.

부젯 트해 자빌

habile 솜씨좋은, 능숙한

❀ 잘 사셨어요.

Vous avez fait une bonne affaire.

부자베패 윈 본나패흐

affaire는 '거래'라는 뜻이 있어서 bonne affaire는
'유리한 거래'라는 의미가 되며, 복수로 사용하면
'사업'이라는 뜻으로 사용되어 homme d'affaires는
'사업가'가 된다.

❀ 그거 정말 좋은데요.

C'est vraiment très bien.

쎄 브해멍 트해비앵

vraiment 정말, 진짜로

❀ 정말 근사한데요.

C'est vraiment beau.

쎄 브해멍 보

❀ 멋진 집을 갖고 계시네요.

Vous avez une très belle maison.

부자베 윈 트헤 벨매종

❀ 친절하기도 하셔라.

Que vous êtes gentil(le).

끄 부젯 졍띠(으)

❀ 참 친절하십니다.

Vous êtes très sympathique.

부젯 트해 생빠띠끄

❀ 잘 지적해 주셨어요.

C'est une bonne remarque.

쎄 뛴 본 흐마흐끄

직역하면, '좋은 지적입니다'이다.

140

✿ 어려운 결심을 하셨군요.

Vous avez fait une décision difficile.

부자베패 윈 데씨지옹 디피씰

✿ 당신은 참 예의바르십니다.

Vous êtes très poli(e).

부젯 트해 뽈리

✿ 당신의 품위가 있으세요.

Vous avez bon genre.

부자베 몽졍흐

bon genre 품위, 우아함

Unité 7 칭찬에 대한 응답

✿ 칭찬해 주셔서 감사합니다.

Merci de votre compliment.

멕씨 드 보트흐 꽁쁠리멍

✿ 과찬의 말씀입니다.

Vous me flattez.

부므 플라떼

✿ 비행기 태우지 마세요.

Ne me faites pas rougir.

느부 패뜨빠 후쥐흐

직역하면 '저를 (얼굴) 빨개지게 하지 마세요'란 뜻이다.

✿ 그렇게 말씀해 주시니 감사합니다.

Je vous remercie de l'avoir dit.

쥬부 흐메흐씨 드라부아흐디

✿ 천만예요.

Je vous en prie.

쥬부정프히

Chapitre **06** 비난과 책망을 할 때

남의 일에 간섭하려하지 않는 프랑스 사람들 입장에서 비난하거나 말싸움을 하거나 상대를 꾸짖는 표현을 사용할 기회가 많지 않을 것입니다. 따라서 이러한 표현은 만약을 대비하여 익혀두면 적절하게 활용할 수 있습니다. 상대방의 말이 지나칠 경우 Comment osez-vous?(꼬멍 오제부, 감히 어떻게 그러십니까?)라고 따끔하게 한 마디 해주는 것도 잊지 맙시다.

Unité **1** 비난할 때

✿ 부끄럽지 않으세요?

Vous n'avez pas honte?

부나베빠 옹뜨

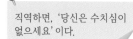
직역하면, '당신은 수치심이 없으세요' 이다.

✿ 창피한 줄 아세요!

Honte à vous!

옹뜨 아부

✿ 정신 나간 거 아니에요?

Avez-vous perdu la tête?

아베부 뻬흐뒤 라떼뜨

✿ 어리석으시네요.

Vous êtes stupide.

부젯 스뛰삐드

✿ 어디 아픈거 아니에요?

Êtes-vous malade?

엩부 말라드

142

✿ 왜 그런 짓을 하십니까?

Pourquoi vous faites ça?

뿌흐꾸아 부패뜨 싸

✿ 그를 믿다니 당신은 아직 순진하시네요.

Vous êtes encore naïf(ve) de le croire.

부젤 엉꼬흐 나이프(브) 들르 크후아흐

> 남성은 naïf[나이프], 여성은
> naïve[나이브]로 발음한다.

✿ 당신도 마찬가지예요. (다른 사람들과 같아요)

Vous êtes comme les autres.

부젤 꼼레조트흐

✿ 저질스럽네요.

C'est dégoûtant.

쎄 데구떵

✿ 유치하십니다.

Vous êtes enfantin(e).

부젤 엉펑땡(띤)

> 남성은 enfantin[엉펑땡],
> 여성은 enfantine[엉펑띤]

✿ 무슨 그런 생각을!

Quelle idée!

껠이데

✿ 어떻게 저에게 그러실 수 있으세요?

Comment vous pouvez me faire ça?

꼬멍 부뿌베 무패흐싸

✿ 그는 참 뻔뻔해.

Il ne rougit de rien.

인느 후지 드 히앙

> 직역하면, '그는 어떤 것에도
> 얼굴이 빨개지지 않는다' 이다.

✿ 조심하셔야죠.

Quelle imprudence!

껠 앵프휘덩쓰

> imprudence는 '부주의' 라는 뜻으로
> 감탄 형용사와 함께 쓰여 '얼마나
> 부주의한지' 라는 의미가 포함되어 있다.

✿ 어떻게 그런 말을 하실 수 있으세요!

Comment vous pouvez dire une chose pareille!

꼬멍 부 뿌베디흐 윈쇼즈 빠헤이으

Unité 2 말싸움을 할 때

✿ 제 말 듣고 계신겁니까?

Vous m'écoutez?

부 메꾸떼

✿ 목소리 좀 낮추세요!

Baissez le ton!

베쎄 르똥

✿ 바보 같은 소리 하지 마세요.

Ne soyez pas stupide.

누 수아예 빠 스뛰피드

✿ 당신한테 따질 게 있어요. (구어)

J'ai un compte à régler avec vous.

줴 앵꽁뜨 아헤글레 아벡부

✿ 어디 두고 봅시다.

Vous aurez affaire à moi.

부조헤 아패흐 아무아

직역하면 '당신은 저에게 (볼)일이 있을 겁니다'이다.

✿ 제가 뭐가 틀렸다는 겁니까?

Sur quel point ai-je tort?

쉬흐 껠뿌앙 애쥬 또흐

✿ 제가 뭘 했다는 거예요?

Qu'est-ce que j'ai fait?

께스끄 줴패

✿ 제가 잘못했다고요? 그래서요? (어떻게 하겠다는 겁니까?)

J'ai tort, et après?

쉐 또흐, 에 아프헤

✿ 아무도 완벽하지 않아요.

Personne n'est parfait.

뻬흐쏜 네빠흐패

personne는 부정대명사로 ne와
함께 부정문에서 '아무도 ~하지
않다' 라는 의미로 사용된다.

✿ 제가 실수했다고 칩시다. 그래서요?

Mettons que je me suis trompé. Et alors?

메똥 끄쥬므쉬 트홍뻬. 에 알로흐

Et alors? 그래서요?

✿ 저도 실수를 할 수 있습니다.

J'ai pu faire une erreur.

쉐쀠 패프 윈네해흐

✿ 제가 뭐라고 그랬습니까!

Quand je vous le disais!

껑 쥬부르 디쌔

✿ 그것 보세요.

Vous voyez?

부 부아예

✿ 당신이 잘못하신 겁니다.

C'est vous qui avez tort.

쎄부 끼아베 또흐

<C'est + 주어 + qui~>는 주어를
강조하는 형태이며, qui 다음의 동사는
앞의 주어의 인칭에 맞춰 변화한다.

✿ 어떻게 그러실 수 있으세요?

Comment osez-vous?

꼬멍 오제부

✿ 그런 말투로 제게 말하지 마세요.

Ne me parlez pas sur ce ton.

느므 빠흘레 빠 쉬흐 쓰똥

✿ 그만하세요.

Arrêtez!

아헤떼

✿ 변명하지 마세요!

Ne faites pas d'excuses!

느페뜨빠 덱쓰뀌즈

✿ 변명을 듣고 싶지 않아요.

Je ne veux pas écouter vos excuses.

쥬느뵈빠 에꾸떼 보젝쓰뀌즈

✿ 변명은 이제 됐습니다.

J'en ai assez de vos excuses.

쟈내 아쎄드 보젝쓰뀌즈

assez de ~이 충분하다

✿ 이건 변명이 되지 않아요.

Ce n'est pas excusable.

쓰네빠 엑쓰뀌자블

excusable 용서할 만한

✿ 다시는 절대 그러지 마세요.

Ne le refaites plus jamais.

느 르 흐패뜨 쁠뤼 쟈매

ne ~ plus jamais 더 이상 결코 ~하지 않다

✿ 머리가 어떻게 된 것 아녜요? (구어)

Ça ne va pas, la tête?

싸느바빠, 라 떼뜨

146

✿ 당신도 마찬가지에요.
Vous êtes pareil(le).
부젤 빠헤이으

✿ 도대체 어떻게 된 거예요? (구어)
Qu'est-ce qui vous prend?
께쓰끼 부프헝

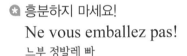

| Unité | 5 | 화해할 때 |

✿ 흥분하지 마세요!
Ne vous emballez pas!
느부 정발레 빠

s'emballer 흥분하다, 열광하다

✿ 그렇게 흥분하지 마세요!
Ne vous agitez pas comme ça!
느부 자쥐떼빠 꼼싸

s'agiter 동요하다, 흥분하다

✿ 이제 됐어요.
Ça suffit.
싸 쉬피

✿ 화해합시다.
On fait la paix.
옹패 라빼

✿ 그건 잊읍시다!
Oublions ça!
우블리옹 싸

✿ 남자대 남자로 솔직하게 이야기해 봅시다.
Parlons d'homme à homme.
빠흘롱 돔아옴

d'homme à homme 남자대 남자로, 솔직히

핵심문장
동영상강의

Partie 5

일상생활의 화제 표현

성적으로 자유분방한 모습에 가족이 해체된 것처럼 보이는 프랑스인들이지만 그들 삶의 기본은 가족 특히 커플입니다. 부부라고 명하지 않고 커플이라 한 것은 프랑스에서는 결혼보다는 동거의 형태로 이성 또는 동성 커플이 형성되기 때문입니다. 동거커플이라도 해당 관청에 동거 사실을 신고하면 부부와 비슷한 보조금 등의 법적 혜택을 누릴 수 있습니다.

한편 여성의 사회 진출 등으로 출산율 저하가 문제시 되던 프랑스는 각종 지원 정책과 보육 시스템의 개선, 출산 장려 캠페인으로 지금은 안정적인 흐름을 유지하게 되었고, 정치인, 연예인 등 유명 인사들을 비롯하여 일반인들 중에도 다자녀 가족들의 모습을 쉽게 찾아 볼 수 있습니다.

처음 만났을 때는 지나치게 개인적인 질문을 피하는 것이 좋습니다. 약간 친해지면 Avez-vous des frères et des sœurs?(형제자매가 있으세요?), Combien de personnes y a-t-il dans votre famille?(가족이 몇 명이세요?), Combien d'enfants avez-vous?(아이가 몇 명 있으세요?) 등의 사적인 대화를 시작합니다.

Unité **1** 가족에 대해 말할 때

✿ 가족이 몇 분이세요?

Combien de personnes y a-t-il dans votre famille?

꽁비앵 드 뻬흐쏜 이아띨 덩 보트흐 파미으

〈combien de + 명사〉는 '얼마의 명사'

✿ 대가족이세요?

Avez-vous une grande famille?

아베부 윈그헝드 파미으

✿ 가족에 대해 말씀해 주세요.

Parlez-moi de votre famille, s'il vous plaît.

빠흘레무아 드보트흐 파미으, 씰부쁠래

✿ 저는 부모님 댁에 함께 삽니다.

J'habite chez mes parents.

쟈비뜨 쉐메빠헝

✿ 저는 형제자매가 없어요.

Je n'ai pas de frère ni de sœur.

쥬내빠 드프헤으 니 드쐬흐

ni 부정문에서 나열할 때 사용

✿ 저는 외동아들입니다.

Je suis fils unique.

쥬쒸 피스 위니끄

✿ 저는 외동딸이에요.

Je suis fille unique.
쥬쉬 피으 위니끄

✿ 가족들이 그립습니다.

Ma famille me manque.
마파미으 므멍끄

manquer 그립다

✿ 가족은 저에게 중요합니다.

Ma famille est importante pour moi.
마파미으 에 앵뽀흐떵뜨 뿌흐무아

✿ 우리 가족은 매우 화목합니다.

Ma famille s'entend bien.
마파미으 썽떵 비앵

> 직역하면, '나의 가족은
> 잘 통한다'란 의미이다.

✿ 부모님과 함께 사세요?

Est-ce que vous vivez avec vos parents?
에쓰끄 부비베 아벡 보빠헝

✿ 남편 분은 무슨 일을 하시나요?

Votre mari, qu'est-ce qu'il fait dans la vie?
보트흐 마히, 께스낄패 덩라비

> 명사를 쓰고, 뒤에 다시 한 번
> 대명사로 받아주는 것이
> 구어체에서는 더 부드럽다.

✿ 아버님은 어떤 분야에 종사하시나요?

Dans quel domaine est-ce que votre père travaille?
덩껠도맨 에쓰끄 보트흐 뻬흐 트하바이

✿ 부인이 일을 하시나요?

Votre femme, est-ce qu'elle travaille?
보트흐 팜, 에쓰껠 트하바이

✿ 부모님 연세가 어떻게 되세요?

Vos parents, ils ont quel âge?
보빠헝, 일종 껠아쥬

☸ 형제가 몇 분이세요?

Combien de frères et de sœurs avez-vous?

꽁비앙 드 프헤흐 에 드 쐐흐 아베부

☸ 형이 두 명, 여동생이 한 명 있습니다.

J'ai deux frères et une sœur.

줴 되프헤흐 에 윈쐐흐

☸ 형제나 자매가 있으세요?

Avez-vous des frères et des sœurs?

아베부 데프헤흐 에 데쐐흐

☸ 저는 형제가 없어요.

Je n'ai pas de frère.

쥬내빠 드프헤흐

☸ 동생은 몇 살입니까?

Quel âge a-t-il, votre frère?

껠아쥬 아띨, 보트흐 프헤흐

☸ 저보다 두 살 아래예요.

Il a deux ans de moins (que moi).   moins que ~보다 덜

일라 되정 드무앙(끄무아)

☸ 우리는 쌍둥이예요.

Nous sommes jumeaux(jumelles).   jumeaux 남자 쌍둥이
jumellles 여자 쌍둥이

누쫌 쥐모(쥐멜)

☸ 프랑스에 친척분이 계십니까?

Avez-vous des parents en France?

아베부 데빠헝 엉프헝쓰

parents은 부모님뿐만 아니라
친척을 의미할 수도 있다.

Unité 3 자녀에 대해 말할 때

☘ 아이가 몇 명 있으세요?

Combien d'enfants avez-vous?

꽁비앵 덩펑 아베부

☘ 언제 아이를 가질 생각이세요?

Quand allez-vous avoir des enfants?

껑 알레부 아부아흐 데정펑

☘ 아이가 있으세요?

Avez-vous des enfants?

아베부 데정펑

☘ 애들 이름이 뭐예요?

Comment s'appellent-ils, vos enfants?

꼬멍 싸뻴띨, 보정펑

☘ 아이들이 몇 살 인가요?

Quel âge ont-ils?

껠라쥬 옹띨

☘ 그 애들이 학교에 다니나요?

Est-ce qu'ils vont à l'école?

에쓰낄 봉 아레꼴

☘ 제 아들은 초등학생입니다.

Mon fils est écolier.

몽피쓰 에 에꼴리에

> 프랑스어로 초등학생은 écolier / écolière[에꼴리에/
> 에꼴리에흐, 남/여], 중학생은 collégien /
> collégienne[꼴레지앵 / 꼴레지엔], 대학생은
> étudiant / étudiante[에뛰디엉 / 에뛰디엉뜨]이다.

☘ 제 딸은 중학생입니다.

Ma fille est collégienne.

마피으 에 꼴레지엔

Chapitre **02** 직장에 대해서

파트타임으로 일하는 경우에는 Je travaille à temps partiel dans un grand magasin.(저는 백화점에서 파트타임으로 일해요.)등으로 대답하고, 상대가 회사에서 일하고 있을 때는 Qu'est-ce que vous faites dans la compagnie?(회사에서 무슨 일을 하고 계십니까?)라고 묻습니다. 이에 대해 Je travaille dans la section du planning.(저는 기획부에서 일합니다)처럼 대답하면 됩니다.

Unité **1** 직장에 대해 말할 때

✿ 어디에서 근무하세요?

Où travaillez-vous?

우 트하바이에 부

✿ 어느 회사에서 일하세요?

Dans quelle compagnie travaillez-vous?

덩껠꽁빠니 트하바이에 부

> compagnie 회사 = société = entreprise

✿ 회사는 어디에 있나요?

Où est votre compangie?

우에 보트흐 꽁빠니

✿ 직함이 무엇입니까?

Quel est votre titre officiel?

껠레 보트흐 띠트흐 오피씨엘

✿ 직위가 어떻게 되십니까?

Quel poste avez-vous?

껠뽀스프 아베부

> poste는 남성명사일 때 '직위, 자리'의 뜻이고, 여성이면 '우체국'이다.

🌸 회사에서 무슨 일을 하십니까?

Quel travail faites-vous dans votre compangie?

껠트하바이 패뜨부 덩보트흐 꽁빠니

🌸 저는 기획부에서 일합니다.

Je travaille dans la section du planning.

쥬트하바이 덩라 쎅씨옹 뒤쁠라닝

Unité 2 근무에 대해 말할 때

🌸 거기서 근무하신 지는 얼마나 됐습니까?

Depuis quand travaillez-vous là-bas?

드쀠껑 트하바이에부 라바

> depuis quand 언제부터

🌸 회사는 언제 입사하셨어요?

Quand êtes-vous entré(e) dans cette société?

껑 앤부 엉트헤 덩쎄뜨 쏘씨에떼

🌸 언제부터 일하셨나요?

Depuis quand avez-vous gagné votre vie?

드쀠껑 아베부 갸녜 보트흐비

> 직역하면, '언제부터 생활비를 버셨어요?' 라는 뜻이다.

🌸 근무 시간이 어떻게 됩니까?

Quel est votre horaire de travail?

껠레 보트흐오해흐 드 트하바이

🌸 저희는 격주로 토요일에 쉽니다.

On ne travaille pas un samedi sur deux.

옹느 트하바이빠 앵싸므디 쉬흐되

> un~sur deux는 '둘 중의 하나' 라는 의미이며, 이때 sur는 '~중에' 라는 의미'로 분수 등을 표현할 때 사용한다.

🌸 내일은 쉽니다.

Je ne travaille pas demain.

쥬느 트하바이빠 드맹

✿ 저는 오늘 밤 야근입니다.

Je travaille de nuit.

쥬 트하바이 드뉘

✿ 연봉이 얼마나 되세요?

Quel est votre salaire annuel?

껠레 보트흐 쌀래흐 아뉘엘

✿ 월급날이 언제예요?

Quand est votre jour de paye?

껑 에 보트흐 쥬흐드뻬이

jour de paye / jour de la paye 월급날

✿ 오늘이 월급날입니다.

Aujourd'hui, c'est le jour de paye.

오쥬흐뒤 쎄 르쥬흐 드빼이

✿ 제 급여는 쥐꼬리만해요.

Mon salaire est minable.

몽쌀래흐 에 미나블

minable 형편없는

✿ 일하는 시간에 비하면 월급이 낮아요.

Mon salaire est très bas pour mon temps de travail.

몽쌀레흐 에 트해바 뿌흐 몽떵 드 트하바이

✿ 일에 비해 적게 벌어요.

Je gagne peu par rapport à mon travail.

쥬갸느 쁴 빠흐하뽀흐 아몽 트하바이

peu 거의 없는, 대단치 않은

156

Unité 4 승진에 대해 말할 때

내년에는 승진하길 바랍니다.
J'espère que vous aurez une promotion l'année prochaine.
줴스뻬흐끄 부조헤 윈프호모씨옹 라네 프호쉔

저는 부장으로 승진했어요.
J'ai été promu directeur.
줴에떼 프호뮈 디헥때흐

우리 회사에서는 승진하기가 어렵습니다.
Il est difficile d'avancer en grade dans notre société.
일레 디피씰 다벙쎄 엉그하드 덩노트흐 쏘씨에떼

그에게는 강력한 후원자가 있어요.
Il a un puissant appui.
일라 앵쀠썽 아쀠

appui는 '지지대, 후원'의 의미가 될 수 있으며, 비유적으로 피스톤 piston[삐스똥]이라고 사용되기도 한다.

그의 승진은 이례적이다.
Sa promotion est exceptionnelle.
싸프호모씨옹 에 엑쎕씨오넬

승진은 성과에 달려 있다.
L'avancement est fait par sa performance.
라벙쓰멍 에페 빠흐 싸 뻬흐포흐멍쓰

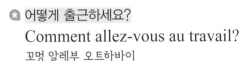

Unité 5 출퇴근에 대해 말할 때

어떻게 출근하세요?
Comment allez-vous au travail?
꼬멍 알레부 오트하바이

✿ 지하철을 이용해서 출근합니다.

Je prends le métro pour venir au bureau.

쥬프헝 르메트호 뿌흐브니흐 오뷔호

✿ 시간이 얼마나 걸리나요?

Il faut combien de temps?

일포 꽁비앵 드떵

✿ 몇 시까지 출근합니까?

Jusqu'à quelle heure vous devez être au travail?

쥐스꺄 껠래흐 부드베 제트흐 오트하바이

✿ 사무실이 집에서 가깝습니다.

Le bureau est près de la maison.

르뷔호 에프헤 들라매종

> près de는 '~에서 가까이'이며 그 반대말은 loin de~이다.

✿ 지각한 적이 없습니다.

Je ne suis jamais en retard au travail.

쥬느쉬쟈매 엉흐따흐 오트하바이

en retard 늦게

✿ 몇 시에 퇴근하십니까?

À quelle heure sortez-vous du bureau?

아껠래흐 쏘흐떼부 뒤뷔호

Unité 6 휴가에 대해 말할 때

✿ 휴가는 며칠이나 됩니까?

Combien de jours de congé avez-vous?

꽁비앵 드쥬흐 드꽁줴 아베부

jour de congé 휴무일

✿ 휴가 기간은 얼마나 됩니까?

Combien de temps durent les vacances?

꽁비앵 드떵 뒤흐 레바껑쓰

158

✿ 언제부터 휴가세요?

À partir de quand êtes-vous en vacances?

아빠르띠흐 드껑 앧부 엉바껑쓰

à partir de ~부터

✿ 언제 휴가를 떠나시나요?

Quand partez-vous en vacances?

껑 빠흐떼부 엉바껑쓰

✿ 너무 바빠서 휴가를 가질 여유가 없습니다.

Je suis trop occupé(e) pour prendre des vacances.

쥬쉬 트호 뽀뀌뻬 뿌흐 프헝드흐 데바껑쓰

trop~ pour~ ~하기에 너무 ~하다
(그래서 ~하지 못하다)

✿ 휴가 계획을 세우셨어요?

Avez-vous fait un projet pour vos vacances?

아베부패 앵프호줴 뿌흐 보바껑쓰

Unité **7** 상사에 대해 말할 때

✿ 상사가 누구세요?

Qui est votre patron?

끼에 보트흐 빠트홍

patron 상사, 사장

✿ 당신 상사와의 관계가 어떠세요?

Vous vous entendez bien avec votre patron?

부부 정떵데 비앵 아벡보트흐 빠트홍

✿ 저는 제 상사를 존경합니다.

Je respecte mon patron.

쥬 헤스뻭뜨 몽빠트홍

✿ 그분은 매우 관대합니다.

Il est très généreux.

일레 트해 줴네회

✿ 당신의 상사는 어떤 분이신가요?

Comment est votre patron?

꼬멍 에 보트흐 빠트홍

Unité 8 사직, 퇴직에 대해 말할 때

✿ 왜 사직하시려고 하나요?

Pourquoi voulez-vous démissionner?

뿌흐꾸아 불레부 데미씨오네

✿ 당신 회사는 정년이 몇 살인가요?

Quel est l'âge de retraite dans votre compagnie?

껠레 라쥬드 흐트해프 덩보트흐 꽁빠니

✿ 그만두기로 결심했어요.

J'ai décidé de quitter mon travail.

줴데씨데 드끼떼 몽 트하바이

✿ 이 일에는 안 맞는 것 같아요.

Ce travail n'est pas pour moi.

쓰트하바이 네빠 뿌흐무아

직역하면, '이 일은 저를
위한 것이 아닙니다' 이다.

✿ 언제 퇴직하시나요?

Quand allez-vous prendre votre retraite?

껑 알레부 프헝드흐 보트흐 흐트해프

✿ 저는 실직상태입니다.

Je suis au chômage maintenant.

쥬쉬 조쇼마쥬 맹뜨넝

✿ 그는 해고됐어요.

Il a été viré.

복합과거 수동태형이다.

일라에떼 비헤

Chapitre 03 학교에 대해서

프랑스는 초등학교가 5년, 중학교와 고등학교를 합하여 7년으로 구성됩니다. 우리나라 초등학교 6학년이, 프랑스에서 중학교 6학년이 됩니다. 왜냐하면 6학년, 5학년, 4학년, 3학년, 2학년, 1학년, 졸업반으로 중고등학교 학년을 표시하기 때문입니다. 우리나라의 고등학교 2학년이 프랑스에서는 1학년이고, 고등학교 1학년이 프랑스에서 2학년이 되므로 주의하셔야 합니다. 대학은 우리와 달리 학사과정이 3년입니다.

Unité 1 출신 학교에 대해 말할 때

🌸 당신은 대학생이십니까?
Êtes-vous étudiant(e)?
앳부 에뛰디엉(뜨)

남학생 étudiant[에뛰디엉],
여학생 étudiante[에뛰디엉뜨]

🌸 어느 대학에 다니십니까?
Quelle est votre université?
껠레 보트흐 위니베흐씨떼

🌸 저는 서울대학교 학생입니다.
Je suis étudiant(e) de l'Université nationale de Séoul.
쥬쉬 제뛰디엉(뜨) 드뉘니베흐씨떼 나씨오날 드쎄울

🌸 어디에서 공부하셨어요?
Où est-ce que vous avez fait vos études ?
우에스끄 부자베패 보제뛰드

🌸 서울대학교에서 공부했어요.
J'ai fait mes études à l'Université nationale de Séoul.
줴패 메제뛰드 아뤼니베흐씨떼 나씨오날 드쎄울

✪ 고등학교 졸업하셨어요?

Avez-vous eu votre bac?

아베부 위 보트흐 박

✪ 어느 학교를 졸업하셨어요?

De quelle université êtes-vous sorti(e)?

드껠뤼니베흐씨떼 앤부 쏘흐띠

sortir 나오다, 출신이다

✪ 그녀는 고등학교를 갓 나왔습니다.

Elle vient de sortir du lycée.

엘비앙 드쏘흐띠흐 뒤리쩨

<venir de + 동사원형>은
근접과거형으로, '방금 전에
~했다' 의 표현을 만든다.

✪ 그는 그랑제꼴(엘리트 교육기관) 출신이에요.

Il est sorti d'une grande école.

일레 쏘흐띠 뒨그헝데꼴

✪ 그는 학교를 졸업하지 못했다.

Il n'a pas fini ses études.

인나빠 피니 쎄제뛰드

finir ses études 학업을 끝내다, 졸업하다

| Unité **2** | 학년에 대해 말할 때 |

✪ 몇 학년이세요?

En quelle année êtes-vous?

엉껠아네 앤부

✪ 저는 석사과정에 있어요.

Je suis en master.

쥬쉬 정마스떠흐

master 석사

✪ 그는 박사과정에 있어요.

Il est en doctorat.

일레 떵독또하

doctorat 박사

🌸 그녀는 대학 1학년생이에요.

Elle est en première année.

엘레 떵 프허미에흐 아네

Unité 3 전공에 대해 말할 때

🌸 대학 때 전공이 무엇이었습니까?

Quelles études avez-vous faites ?

껠제뛰드 아베부 팻

🌸 뭘 전공하시나요?

Qu'est-ce que vous étudiez?

께스끄 부제뛰디에

🌸 어떤 학위를 가지고 계신가요?

Quels diplômes avez-vous?

껠디쁠롬 아베부

Unité 4 학교 생활에 대해 말할 때

🌸 아르바이트를 하고 있나요?

Vous travaillez à mi-temps?

부트하바이에 아미떵

à mi-temps은 '파트타임으로', à plein temps은 '풀타임으로' 라는 뜻이다.

🌸 아르바이트 하는 학생이 많습니다.

Beaucoup d'étudiants font un travail à mi-temps.

보꾸데뛰디엉 퐁 앵트하바이 아미떵

🌸 몇 과목이나 수강하시나요?

Combien d'UV(unité de valeur) suivez-vous?

꽁비앵 뒤베 쉬베부

UV 과목, 이수학점

✿ 어떤 수업을 좋아하세요?

Quel cours aimez-vous?

껠꾸흐 애메부

cours 수업, 강의

✿ 그는 수업 준비하느라 바쁘다.

Il est occupé à préparer ses cours.

일레 또뀌뻬 아프헤빠헤 쎄꾸흐

✿ 숙제가 많으세요?

Avez-vous beaucoup de devoirs?

아베부 보꾸 드 드부아흐

devoir 숙제, 의무

✿ 저는 숙제를 하고 있어요.

Je fais mes devoirs.

쥬패 메드부아흐

✿ 저는 수학이 약해요.

Je suis faible en maths.

쥬쉬 패블 엉마뜨

> être faible en은 '~에 약하다, ~을 잘못한다' 라는 뜻이며, 반대는 être fort en이다.

✿ 그는 영어를 잘해요.

Il est fort en anglais.

일레 포흐 언넝글래

✿ 이 수업은 제게 좀 어려워요.

Ce cours est un peu difficile pour moi.

쓰꾸흐 에 앵쁘 디피씰르 뿌흐무아

✿ 암기해야 합니다.

Il faut savoir par cœur.

일포 사부아흐 빠흐꽤흐

> savoir par cœur를 직역하면 '마음으로 알다' 이다. 그래서 '외우다, 암기하다' 의 뜻이 된다.

✿ 게시판에 뭐라고 써 있나요?

Qu'est-ce qu'il y a sur le panneau d'affichage?

께스낄리아 쉬흐르빠노 다피샤쥬

❀ 저는 맨 뒷자리에 앉기를 좋아해요.

J'aime bien m'asseoir au dernier rang.

쥄비앙 마수아흐 오데흐니에 헝

❀ 저는 장학금을 신청했어요.

J'ai demandé une bourse (d'études).

쥐드멍데 윈부흐쓰 (데뛰드)

Unité 5 시험과 성적에 대해 말할 때

❀ 이제 시험 준비를 해야 해요.

Je dois préparer l'examen.

쥬두아 프헤빠헤 레그자맹

❀ 시험이 어땠나요?

Comment était l'examen?

꼬멍 에때 레그자맹

❀ 수학 점수는 얼마예요?

Quelle est votre note de maths?

껠레 보트흐 노프 드마프

maths – mathématiques 수학

❀ 그는 더 좋은 성적을 얻었어요.

Il a obtenu de meilleurs résultats.

일라 옵뜨뉘 드메이왜흐 헤쥘따

meilleur(e) 더 나은, 더 좋은

❀ 그녀는 반에서 일등이에요.

Elle est la première de la classe.

엘레 라프허미에흐 들라끌라스

❀ 시험을 망쳤어요.

J'ai raté l'examen.

쥐 하떼 레그자맹

✿ 시험을 치를 겁니다.

Je vais passer l'examen.

쥬 배빠세 레그자맹

✿ 시험을 통과했어요.

J'ai réussi l'examen.

줴 헤위씨 레그자맹

Chapitre 04 연애와 결혼에 대해서

커플 중심인 프랑스 사회이지만 모든 사람이 상대를 쉽게 만날 수 있는 것은 아니므로 그만큼 외로운 사람이 많습니다. 또한 상대에 대한 신의를 중시하면서도 쉽게 다른 사람과 부적절한 관계를 맺는 것도 사실인 듯합니다. 자신의 순간적인 감정에 충실한 걸까요? 상대방에게 결혼했는지를 물을 때는 Êtes-vous marié(e)?라고 합니다. '~와 결혼하다'라는 표현은 se marier avec~로 대명동사를 사용해야 합니다. marier는 '~를 결혼시키다'라는 뜻입니다.

Unité 1 연애 타입에 대해 말할 때

❁ 사귀는 사람 있나요?
Avez-vous un(e) petit(e) ami(e)?
아베부 앵(윈) 쁘띠따미

un 남성, une 여성

❁ 어떤 타입의 여자를 좋아하세요?
Quel genre de femme aimez-vous?
껠졍흐 드팜 애메부

❁ 내 타입은 아닙니다.
Ce n'est pas mon type.
쓰네빠 몽띱

❁ 제 취향은 아니에요.
Ce n'est pas mon genre.
쓰네빠 몽졍흐

❁ 저는 성실한 사람이 좋습니다.
J'aime quelqu'un de sérieux.
쥄 껠깽 드 쎄히외

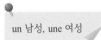
quelqu'un은 영어의 someone과 동일한 부정대명사이다. 부정대명사를 수식하려면 <전치사 de + 형용사원형>이 와야 한다.

☆ 저와 데이트해 주시겠어요?

Voulez-vous sortir avec moi?

불레부 쏘흐띠흐 아벡무아

sortir 외출하다, 데이트하다

☆ 오늘 저녁에 데이트 할래요?

On sort ce soir?

옹쏘흐 쓰수아흐

☆ 저와 함께 저녁 식사 하시겠어요?

Voulez-vous dîner avec moi?

불레부 디네 아벡무아

☆ 당신에게 반했어요.

Je suis fou(folle) de vous.

쥬쉬 푸(폴) 드 부

☆ 사랑합니다. / 사랑해.

Je vous aime. / Je t'aime.

쥬부잼 / 쥬땜

vous 당신을
te 너를

☆ 당신의 목소리를 열렬히 사랑합니다.

J'adore votre voix.

쟈도흐 보트흐 부아

☆ 당신을 사랑하게 되었어요.

Je suis tombé(e) amoureux(se) de vous.

쥬쉬똥베 아무회(즈) 드부

amoureux [아무회] 주어가 남자일 때,
amoureuse [아무회즈] 주어가 여자일 때

☆ 당신을 죽을만큼 사랑합니다.

Je t'aime à mourir.

쥬땜 아무히흐

Unité 3 청혼과 약혼에 대해 말할 때

🌸 당신과 결혼하고 싶습니다.

Je voudrais me marier avec vous.

쥬브드해 므마히에 아벡부

> Je voudrais는 vouloir동사의 조건법으로 간절한 마음을 표현한다.

🌸 저와 결혼해 주시겠어요?

Voulez-vous vous marier avec moi?

불베부 부마히에 아벡무아

🌸 저의 아내(남편)가 되어주세요.

Voulez-vous être ma femme(mon mari)?

불레부 에트흐 마팜(몽마히)

> 도치된 대명사 다음에는 연음할 수 없는데, 실제 구어체에서 프랑스사람들은 잘못 연음하는 경우가 있다.

🌸 당신과 영원히 같이 살고 싶군요.

J'aimerais vivre avec vous pour toujours.

쥄므해 비브흐 아벡부 뿌흐뚜쥬흐

pour toujours 영원히

🌸 우리는 지난달에 약혼했어요.

Nous nous sommes fiancés le mois dernier.

누누쏨피엉쎄 르무아 데흐니에

Unité 4 결혼에 대해 말할 때

🌸 결혼하셨어요?

Êtes-vous marié(e)?

앤부 마히에

marié(e) 결혼한

🌸 언제 결혼하실 예정이세요?

Quand allez-vous vous marier?

껑딸레부 부마히에

✿ 언제 결혼하셨어요?

Quand vous êtes-vous marié(e)?

껑 부제뜨부 마히에

✿ 결혼하신 지 얼마 되셨어요?

Depuis quand êtes-vous marié(e)?

드쀠껑 앤부 마히에

✿ 신혼부부시군요.

Vous êtes les jeunes mariés.

부젵 레쥔마히에

✿ 당신은 미혼이세요?

Êtes-vous célibataire?

앤부 쎌리바때흐

célibataire 미혼(인)

✿ 저는 아직 결혼하지 않았습니다.

Je ne suis pas encore marié(e).

쥬느쉬빠정꼬흐 마히에

pas encore는 영어의 not yet의 의미이다.

Unité 5 별거와 이혼에 대해 말할 때

✿ 별거 중입니다.

Je suis séparé(e).

쥬쉬 세빠헤

✿ 이혼했어요.

Je suis divorcé(e).

쥬쉬 디보흐쎄

✿ 우리 결혼은 불행했어요.

Notre mariage était malheureux.

노트흐 마히아쥬 에때 말뢔회

170

Chapitre **05** 여가, 취미, 오락에 대해서

어떤 사람을 알기 위해 그의 취미를 묻는 것은 아주 적절한 방법이라 하겠습니다. 무엇을 좋아하는지를 알고 싶을 때는 Qu'est-ce que vous aimez?, 어떤 것에 관심이 있는지는 Qu'est-ce qui vous intéresse?, 여가 시간에 무엇을 하는지는 Que faites-vous pendant votre temps libre? 등의 표현을 사용하면 좋습니다.

Unité **1** 여가 활동에 대해 말할 때

❁ 주말에는 무엇을 하십니까?

Qu'est-ce que vous faites le week-end?

께스끄 부팻 르위껜드

❁ 여가 시간에는 무얼 하십니까?

Que faites-vous pendant votre temps libre?

끄팻부 뻥덩 보트흐떵 리브흐

temps libre 여가시간, 자유시간

❁ 여가를 어떻게 보내시나요?

Quel est votre passe-temps?

껠레 보트흐 빠스떵

passe-temps 시간보내기, 취미

❁ 기분전환으로 무얼 하십니까?

Qu'est-ce que vous faites pour vous distraire?

께스그 부팻 뿌흐부디스트해흐

❁ 무엇을 하는 걸 좋아하세요?

Qu'est-ce que vous aimez faire?

께스끄 부재메패흐

❁ 일과 후에는 무엇을 하십니까?

Qu'est-ce que vous faites après le travail?

께스끄 부팻 아프헤 르트하바이

171

Unité 2 취미에 대해 말할 때

✿ 취미가 뭔가요?

Quels sont vos loisirs?

껠쏭 보루아지흐

loisirs 취미, 여가, 레저

✿ 무엇에 흥미가 있으세요?

Qu'est-ce qui vous intéresse?

께스끼 부쟁떼헤쓰

직역하면, '무엇이 당신의
관심을 끕니까?'이다.

✿ 특별한 취미가 있으세요?

Est-ce que vous avez un passe-temps particulier?

에쓰끄 부자베 앵빠스떵 빠흐띠뀔리에

✿ 무엇을 좋아하세요?

Qu'est-ce que vous aimez?

께쓰끄 부재메

✿ 뮤지컬 좋아하세요?

Aimez-vous la comédie musicale?

애메부 라꼬메디 뮈지깔

프랑스어로 comédie는 '희곡,
극, 희극'의 의미를 다 가진다.
그래서 comédie musicale이
뮤지컬이 된다.

✿ 어떤 뮤지컬을 더 좋아하세요?

Quelle comédie musicale préférez-vous?

껠꼬메디 뮈지깔 프헤페헤부

✿ 콘서트에 자주 가세요?

Allez-vous souvent au concert?

알레부 쑤벙 오꽁세흐

✿ 저는 산에 가는 것을 좋아해요.

J'aime aller à la montagne.

쥀 알레 알라 몽따뉴

Unité **3** 오락에 대해 말할 때

❋ 이 호텔에는 카지노가 있나요?

Est-ce qu'il y a un casino dans l'hôtel?

에쓰길리아 앵까지노 덩로뗄

❋ 내기를 하고 싶군요.

Je voudrais engager un pari.

쥬부드해 엉가줴 앵빠히

❋ 쉬운 게임은 없나요?

Il n'y a pas de jeux faciles?

인니아빠 드죄파씰

> 끝을 올려 발음하면 의문문,
> 내리면 평서문이다.

❋ 좋은 카지노를 소개해 주십시오.

Pouvez-vous me présenter un bon casino?

뿌베부 므프헤정떼 앵봉까지노

❋ 카지노에 아무나 들어갈 수 있습니까?

N'importe qui peut entrer dans le casino?

냉뽀흐뜨끼 뾔엉트헤 덩르까지노

n'importe qui 아무나

❋ 카지노는 몇 시에 문을 여나요?

Le casino ouvre à quelle heure?

르까지노 우브흐 아껠뢔흐

❋ 칩은 어디에서 바꿉니까?

Où puis-je obtenir des jetons?

우쀠쥬 옵뜨니흐 데쥬똥

jeton 칩, 동전

❋ 칩으로 20유로 주세요.

Je voudrais 20 euros en jeton.

쥬부드해 뱅왜호 엉쥬똥

✿ 칩을 현금으로 바꿔 주세요.

Encaissez mes jetons, s'il vous plaît.

엉께쩨 메쥬똥, 씰부쁠래

✿ 현금으로 주세요.

En espèces, s'il vous plaît.

엉네스뻬쓰, 씰부쁠래

✿ 터졌다. / 맞았다.

Ça y est. / Jackpot / Bingo

쌰이에 / 쟉뽓 / 빙고

Unité **4** 유흥을 즐길 때

✿ 좋은 나이트클럽 아시나요?

Connaissez-vous une bonne boîte de nuit?

꼬네쩨부 원본 부아뜨드뉘

boîte de nuit = discothèque
나이트 클럽

✿ 이 근방에 바가 있나요?

Il y a un bar près d'ici?

일리아 앵바흐 프헤 디씨

✿ 함께 춤을 추실까요?

Voulez-vous danser avec moi?

불레부 덩쎄 아벡무아

✿ 인기 있는 나이트는 어디 있나요?

Où est la discothèque populaire?

우에 라디스꼬떽 뽀쀨래흐

✿ 어떤 종류의 공연이 있나요?

Quel genre de spectacle y a-t-il?

껠졍흐드 스뻭따끌 이아띨

Unité 5 여행에 대해 말할 때

⚙ 저는 여행을 좋아합니다.
J'aime voyager.
쥄 부아야줴

⚙ 여행 즐거우셨어요?
Avez-vous fait un bon voyage?
아베부패 앵봉부아야쥬

> voyage(부아야쥬)에서 [쥬]는
> 받침처럼 앞의 음절에 붙여
> 약하게 발음한다.

⚙ 휴가 잘 보내셨어요?
Avez-vous bien passé les vacances?
아베부 비앵빠쎄 레바껑쓰

⚙ 어디로 휴가를 가셨어요?
Où êtes-vous allé(e) en vacances?
우엣부 알레 엉바껑쓰

⚙ 해외 여행을 하신 적 있으세요?
Avez-vous voyagé à l'étranger?
아베부 부아야줴 아레트헝줴

à l'étranger 외국에

⚙ 그곳에 얼마나 머무셨어요?
Combien de temps êtes-vous resté(e) là-bas?
꽁비앵드떵 엣부 헤스떼 라바

⚙ 언젠가 세계 일주를 하고 싶어요.
Je voudrais faire un tour du monde un jour.
쥬부드해 패흐 앵뚜흐뒤몽드 앵쥬흐

un tour du monde 세계일주

⚙ 여행은 어떠셨어요?
Comment était le voyage?
꽁멍 에때 르부아야쥬

06 문화생활에 대해서

어떤 음악을 좋아하는지 알고 싶을 때는 Quel genre de musique préférez-vous?(어떤 장르의 음악을 선호하세요?)라고 물으십시오. 서로 음악을 좋아하는 것을 알게 되었다면 On va au concert ensemble?(음악회에 함께 갈래요?)라고 권해 보십시오. 또한 어떤 화가를 좋아하는지 물으려면 Quel est votre peintre favori?(당신이 선호하는 화가는 누군가요?) 등으로 물으면 됩니다.

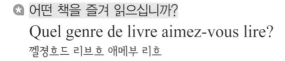 Unité **1** 독서에 대해 말할 때

☺ 어떤 책을 즐겨 읽으십니까?

Quel genre de livre aimez-vous lire?

껠졍흐드 리브흐 애메부 리흐

> 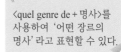 〈quel genre de + 명사〉를 사용하여 '어떤 장르의 명사'라고 표현할 수 있다.

☺ 다 읽어요.

Je lis tout.

쥬리뚜

☺ 선호하는 게 없어요.

Je n'ai pas de préférence.

쥬내빠드 프헤페헝쓰

☺ 한 달에 책을 몇 권이나 읽으세요?

Combien de livres lisez-vous par mois?

꽁비앵드리브흐 리제부 빠흐무아

par mois 한달에

☺ 책을 많이 읽으세요?

Vous lisez beaucoup de livres?

부리제 보꾸드 리브흐

이 책은 처음부터 끝까지 다 읽었어요.
J'ai lu ce livre de bout en bout.
쥐뤼 쓰리브흐 드부떵부

de bout en bout 처음부터 끝까지

이 책은 재미없어요.
Ce livre n'est pas intéressant.
쓰리브흐 네빠 쟁떼헤썽

이 책은 지루해요.
Ce livre est ennuyeux.
쓰리브흐 에 떵뤼외

그녀는 책벌레에요.
Elle est un rat de bibliothèque.
엘레 앵하드 비블리오떼끄

rat de bibliothèque 도서관의 쥐, 책벌레

저는 항상 책을 가지고 다녀요.
J'ai toujours un livre avec moi.
줴 뚜쥬흐 앵리브흐 아벡무아

좋아하는 작가는 누구인가요?
Quels sont vos auteurs préférés?
껠쏭 보조때흐 프헤페헤

auteur 작가

요즘 베스트셀러가 뭔가요?
Quel est le best-seller actuel?
껠레 르베스트셀레흐 악뛰엘

수필보다 소설을 좋아합니다.
J'aime mieux le roman que l'essai.
쥄 미외 르호멍 끄 레쎄

이 책은 읽을만한 가치가 있어요.
Ce livre vaut la peine d'être lu.
쓰리브흐 보라뺀 데트흐뤼

☘ 어떤 신문을 읽으세요?

Quel journal lisez-vous?

껠쥬흐날 리제부

☘ 오늘 신문 보셨어요?

Avez-vous lu le journal d'aujourd'hui?

아베부뤼 르쥬흐날 도쥬흐뒤

☘ 이 사건은 일면에 났어요.

Cet évènement est à la une.

쎄떼벤느멍 에딸라윈

> à la une은 '일면에' 라는 뜻이며, la와 une를 축약하지 않는다.

☘ 그 사람이 신문에 났어요.

Il est sur le journal.

일레 쒸흐 르쥬흐날

☘ 저는 기사 제목들만 봐요.

Je ne lis que les titres.

쥬느리끄 레띠트흐

> ne ~ que '~만 ~하다, 오로지 ~하다' 라는 뜻으로 ne가 있지만 부정문이 아니다.

☘ 저는 스포츠 면을 먼저 읽습니다.

Je lis d'abord la rubrique sport.

쥬리 다보흐 라휘브릭 스뽀흐

d'abord 우선

☘ 어떤 잡지를 좋아하세요?

Quel magazine aimez-vous?

껠마가진 애메부

☘ 자동차 잡지를 구독합니다.

Je m'abonne à une revue automobile.

쥬마본 아윈흐뷔 오또모빌

Unité 3 텔레비전에 대해 말할 때

❄ 텔레비전을 자주 보세요?

Vous regardez souvent la télé(vision)?

부 흐갸흐데 쑤벙 라뗄레(비지옹)

구어에서 télévision을
간단히 télé라고 많이 한다.

❄ 어떤 텔레비전 프로그램을 좋아하세요?

Quelle émission préférez-vous?

껠에미씨옹 프헤페헤부

❄ 여기저기 채널을 돌리지 마세요.

Ne zappez pas.

느자뻬빠

❄ 그것을 텔레비전으로 중계하나요?

Elle sera diffusée à la télévision?

엘쓰하 디퓌제 알라 뗄레비지옹

sera diffusée는 미래수동태이다.

❄ 지금 텔레비전에서 무엇을 하죠?

Qu'est-ce qu'il y a à la télé?

께스낄리아 알라뗄레

❄ 다음 프로가 무엇이죠?

Quelle est la prochaine émission?

껠레 라프호쉔 에미씨옹

prochain(e)은 다음 주, 다음 달 등 시간을
나타낼 때는 명사 뒤에 사용한다.

❄ 리모컨이 어디 있죠?

Où est la télécommande?

우에 라 뗄레꼬멍드

❄ 텔레비전을 끌까요?

Est-ce que j'éteins la télé?

에쓰끄 줴땡 라뗄레

✿ 저는 음악 듣기를 좋아합니다.

J'aime écouter de la musique.

쥌 에꾸데 들라 뮈직

✿ 어떤 장르의 음악을 좋아하시나요?

Quel genre de musique aimez-vous?

껠졍흐 드뮈직 애메부

✿ 어떤 종류의 음악을 들으시나요?

Quel type de musique écoutez-vous?

껠띱 드뮈직 에꾸떼부

✿ 제 취미는 음악 감상이에요.

Mon passe-temps favori, c'est écouter de la musique.

몽빠쓰떵 파보히, 쎄 떼꾸데 들라뮈지끄

✿ 저는 클래식(모던) 음악을 선호합니다.

Je préfère la musique classique(moderne).

쥬프헤페흐 라뮈직 끌라씩(모데흔)

✿ 저는 음악을 잘 몰라요.

Je ne connais pas bien la musique.

쥬느꼬네빠 비앵 라뮈직

✿ 그는 음악을 잘 알아들어요.

Il a l'oreille musicienne.

일라 로헤이으 뮈지씨엔

> 직역하면, '그는 음악가의 귀를 갖고 있다' 이다.

✿ 가장 좋아하는 노래는 무엇입니까?

Quelle est votre chanson favorite?

껠레 보트흐 셩송 파보히뜨

> favori[파보히]는 남성형, favorite[파보히뜨]는 여성형이다. 여기서는 chanson이 여성명사이기 때문에 favorite를 사용한다.

✿ 이 음악은 내 취향이 아니에요.

Cette musique n'est pas mon genre.

쎗뮈직 네빠 몽졍흐

✿ 어떤 악기를 연주하세요?

De quel instrument de musique jouez-vous?

드껠랭스트휘멍 드 뮈직 쥬에부

instrument de musique 악기

✿ 저는 노래는 못해요.

Je chante faux.

쥬셩뜨 포

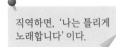 직역하면, '나는 틀리게 노래합니다' 이다.

✿ 노래 한 곡 불러 주시겠어요?

Voulez-vous chanter pour moi?

불레부 셩떼 뿌흐무아

| Unité **5** | 그림에 대해 말할 때 | |

✿ 저는 그림 그리기를 좋아해요

J'aime bien faire de la peinture.

쥄 비앵 페흐들라 뼁뛰흐

faire de la peinture 그림 그리나

✿ 저는 멋진 그림을 좋아합니다.

J'aime beaucoup les beaux tableaux.

쥄 보꾸 레보따블로

tableau(x) 그림

✿ 이 그림은 누구 작품인가요?

Qui a peint ce tableau?

끼아뺑 쓰따블로

직역하면, '누가 이 그림을 그렸나요?' 이다.

✿ 저는 수채화를 그립니다.

Je peins de l'aquarelle.

쥬뺑 드라꾸아헬

❂ 미술관에 자주 가요.

Je vais souvent au musée.

쥬배 수벙 오뮈제

musée 박물관, 미술관

❂ 어떻게 그림을 그리게 되셨습니까?

Comment avez-vous commencé à peindre?

꼬멍 아부베 꼬멍쎄 아펭드흐

❂ 정말 아름다운 작품입니다.

Quel beau tableau!

껠보따블로

❂ 저는 미술품 수집을 좋아해요.

J'aime collectionner des tableaux.

쥌 꼴렉시오네 데따블로

❂ 좋아하는 화가는 누군가요?

Quel est votre peintre favori?

껠레 보트흐 뼁트흐 파보히

❂ 그림을 아주 잘 그리시는군요.

Vous faites bien de la peinture.

부펫 비앵 들라 뺑뛰흐

Unité 6 영화에 대해 말할 때

❂ 어떤 영화를 좋아하세요?

Quel genre de film aimez-vous?

껠졍흐 드필름 애메부

❂ 저는 영화광입니다.

Je suis cinéphile.

쥬쉬 씨네필

–phile이라는 접미사는 '~을 좋아하는,
열광하는'이라는 의미를 만든다.

182

☺ 저는 sf영화를 좋아해요.

J'aime les films de science-fiction.

찜 레필름 드씨엉쓰 픽씨옹

☺ 공포영화를 좋아하세요?

Aimez-vous les films d'horreur?

애메부 레필름 도해흐

☺ 어떤 배우를 좋아하시나요?

Quel acteur préférez-vous?

껠악뙈흐 프헤페헤부

☺ 영화를 자주 보러 가세요?

Allez-vous souvent au cinéma?

알레부 쑤벙 오씨네마

souvent 자주

☺ 그 영화의 주인공은 누구에요?

Qui est le premier rôle de ce film?

끼에 르프허미에홀 드쓰필름

☺ 극장에서 무엇을 상영하고 있나요?

Quels films sont à l'affiche?

껠필름 쏭따라피슈

à l'affiche 상영 중인

☺ 상영기간은 언제까지인가요?

Quelle est la durée de ce film?

껠레 라뒤헤 드쓰필름

☺ 최근에 본 영화는 무엇인가요?

Quel film avez-vous vu récemment?

껠필름 아베부뷔 헤짜멍

mm 앞의 e는 [아]로 발음된다.

☺ 우리 영화보러 갈까요?

On va au cinéma ?

옹바오씨네마

Chapitre **07** 건강에 대해서

다이어트는 건강과 미용을 위해 모든 사람이 관심을 끕니다. 미식의 나라인 프랑스에서도 건강한 생활과 체중관리를 위한 다양한 요리법이 개발되고, 이국적인 음식에 대한 취향의 확대로 일본, 태국 등 아시아 식당 등이 속속 등장하고 있습니다. '다이어트 하세요?'라는 질문은 Faites-vous un régime?이라고 하고, '저는 다이어트 중입니다'는 Je suis au régime.이라고 합니다.

Unité **1** 건강에 대해 말할 때

❂ 운동을 자주 하십니까?

Faites-vous souvent du sport?

펫부 수벙 뒤쓰뽀흐

❂ 건강 유지를 위해 무엇을 하십니까?

Qu'est-ce que vous faites pour la santé?

께스끄 부팻 뿌흐 라썽떼

santé 건강

❂ 저는 건강 상태가 아주 좋습니다.

Je suis en pleine santé.

쥬쉬 정쁠랜썽떼

❂ 저는 무척 건강해요.

Je suis en très bonne santé.

쥬쉬 정트해 본썽떼

❂ 나이를 먹나 봐요.

Je prends de l'âge.

쥬프헝 들라쥬

âge 나이

✪ 늙나 봐요.
Je vieillis.
쥬 비에이

vieillir 늙다

✪ 계단을 오르면 숨이 차요.
Je suis essoufflé(e) d'avoir monté les escaliers.
쥬쉬 제수플레 다부아흐몽떼 레제스깔리에

essouffler 숨차게 하다

✪ 술을 줄이려고 마음먹었어요.
J'ai décidé de boire moins.
줴데씨데 드부아흐 무앵

✪ 담배를 끊었어요.
J'ai arrêté de fumer.
줴아헤떼 드퓌메

<arrêter de + 동사원형>은 '~하는 것을 멈추다'이다. fumer는 '담배 피다'의 뜻이므로, arrêter de fumer는 '담배를 끊다, 금연하다'의 의미가 된다.

✪ 지금 다이어트 중입니다.
Je suis au régime.
쥬쉬 오헤짐

✪ 몸이 좋지 않아요.
Je me sens mal.
쥬므썽말

✪ 그는 건강에 문제가 있어요.
Il a un problème de santé.
일라 앵프호블램 드썽떼

✪ 잠을 이룰 수 없어요.
Je n'arrive pas à dormir.
쥬 나히브 빠 자도흐미흐

dormir 자다

✪ 요즘 저는 항상 피곤해요.
Je suis toujours fatigué(e) en ce moment.
쥬쉬 뚜주흐 파띠게 엉쓰모멍

en ce moment 요즘

Unité 2 컨디션을 물을 때

😊 기분이 어떠세요?

Comment vous sentez-vous?

꼬멍 부썽떼부

se sentir는 '스스로를 ~하게 느끼다'란 뜻의 대명동사활용이다.

😊 좋습니다. / 나빠요.

Je me sens bien / Je me sens mal.

쥬므썽 비앵 / 쥬므썽 말

😊 컨디션이 아주 좋습니다.

Je suis en pleine forme.

쥬쉬 정쁠랜 포흠

en pleine forme 원기왕성한

😊 피곤해 보이세요.

Vous avez l'air fatigué(e).

부자베 래흐 파띠게

fatigué(e) 피곤한

😊 괜찮으세요?

Ça va?

싸바

😊 오늘은 어떠세요?

Comment ça va aujourd'hui?

꼬멍 싸바 오쥬흐뒤

😊 기분이 좀 나아지셨어요?

Ça va mieux?

싸바 미외

😊 안색이 안 좋네요.

Vous êtes pâle.

부젯 빨

직역하면, '당신은 창백합니다'의 뜻이다.

186

Chapitre 08 스포츠와 레저에 대해서

취미나 레저 활동에 관심이 많은 프랑스인들은 건강을 위해 스포츠를 즐깁니다. 어떤 스포츠를 즐기는지, 스포츠를 하는 장소나 시간 등을 물을 때는 Quel sport faites-vous?(어떤 운동을 하십니까?), Où jouez-vous au tennis?(어디에서 테니스 치세요?), Quand faites-vous de la natation?(언제 수영을 하십니까?) 등으로 하면 됩니다.

Unité 1 스포츠에 대해 말할 때

🌸 좋아하는 스포츠가 뭡니까?
Quel est votre sport favori?
껠레 보트흐 쓰뽀흐 파보히

🌸 운동하는 걸 좋아하세요?
Aimez-vous faire du sport?
애메부 패흐 뒤쓰뽀흐

> '운동을 하다'라는 프랑스어 표현은 faire du sport와 pratiquer le sport가 있다.

🌸 무슨 스포츠를 하세요?
Quel sport pratiquez-vous?
껠쓰뽀흐 프라띠께부

🌸 저는 스포츠 광입니다.
Je suis maniaque de sports.
쥬쉬 마니악 드쓰뽀흐

maniaque 광적인, 편집증의

🌸 얼마나 자주 운동을 하세요?
Combien de fois faites-vous du sport?
꽁비앵 드푸아 팻부 뒤쓰뽀흐

combien de fois 몇 번

😊 그는 운동신경이 발달했어.
Il a les réflexes rapides.
일라 레헤플렉스 하삐드

직역하면, 그는 빠른
반사신경을 갖고 있다.

😊 그는 운동에 자질이 있다.
Il est très doué pour les sports.
일레 트헤두에 뿌흐레쓰뽀흐

doué 탁월한, 재능이 있는

😊 나는 스포츠에 관심이 없어요.
Je ne m'intéresse pas au sport.
쥬느 맹떼헤쓰 빠 오쓰뽀흐

s'intéresser à는 '~에 관심이 있다'라는
대명동사이며, intéresser는 '~의 관심을
끌다'라는 타동사이다.

😊 나는 겨울 스포츠를 좋아해요.
J'aime les sports d'hiver.
쥌 레쓰뽀흐 디베흐

hiver 겨울

😊 저는 스포츠 중에 축구를 제일 좋아해요.
De tous les sports, j'aime le plus le football.
드뚜레스뽀흐 쥌 르쁠뤼쓰 르풋볼

le plus 가장, 제일

Unité **2** 스포츠를 관전할 때

😊 어느 팀이 이길 것 같으세요?
À votre avis, quelle équipe va gagner?
아보트하비, 껠레낍 바 갸녜

à votre avis 당신생각에

😊 점수가 어떻게 됐어요?
Quel est le score?
껠레 르쓰꼬흐

😊 누가 이기고 있나요?
Qui gagne?
끼 갸뉴

✪ 이 경기 누가 이겼죠?

Qui a gagné le match?

끼아갸녜 르마츄

✪ 이 경기는 무승부로 끝났어.

Le jeu a fini par faire match nul.

르죄 아피니 빠흐 패흐마츄닐

match nul 무승부

✪ 그 축구경기 보셨어요?

Avez-vous vu le match de foot?

아베부뷔 르마츄드풋

✪ 그 시합 볼만하던가요?

Ce match vaut la peine d'être regardé?

쓰마츄 보 라뺀 데트흐 흐갸흐데

vaut la peine ~할 가치가 있다

✪ 시합 결과는 어떻게 되었나요?

Comment était le résultat du match?

꼬멍 에때 르헤쥘따 뒤 마츄

résultat 결과

✪ 우리는 2대 5로 패배했어요.

Nous avons perdu le match 2 à 5.

누자봉 뻬흐뒤 르마츄 되 아 쌩끄

✪ 스코어는 6대 6으로 비겼어요.

Le score était à égalité, 6 à 6.

르쓰꼬흐 에때 따에걀리떼, 씨쓰 아 씨쓰

à égalité 무승부, 동등한

✪ 막상막하의 경기였어요.

Il était au coude à coude

일레때 오꾸드아꾸드

au coude à coude 막상막하

✪ 우리가 이겼다.

On a gagné.

오나 갸녜

189

Unité 3 스포츠 중계를 볼 때

❈ 오늘 밤 그 경기가 텔레비전에 중계됩니까?

Est-ce que le match passera à la télé ce soir?

에스끄 르마츄 빠쓰하 알라뗄레 쓰쑤아흐

> passer à la télé는 '텔레비전에
> 방송되다' 라는 뜻이며, passera는
> 미래형이다.

❈ 언제 중계되나요?

Quand passe-t-il à la télé?

껑 빠쓰띨 알라뗄레

❈ 어느 채널에서 중계되나요?

Sur quelle chaîne passe-t-il?

쒸흐껠쉔 빠쓰띨

chaîne 채널

❈ 이 게임은 실황중계인가요?

Il est en direct?

일레 떵디헥

en direct 실황중계, 생방송

❈ 당신은 어느 팀을 응원하고 있어요?

Quelle équipe soutenez-vous?

껠레낍 수뜨네부

soutenir 지지하다, 응원하다

Unité 4 여러 가지 경기에 대해 말할 때

❈ 전 축구를 해요.

Je joue au foot.

쥬주 오풋

jouer au foot 축구하다

❈ 그 축구경기 보셨어요?

Avez-vous vu ce match de foot?

아베부 뷔 쓰마츄 드풋

✿ 누가 득점했습니까?

Qui a marqué le but?

끼아 마흐께 르뷔

marquer le but 득점하다

✿ 테니스 치는 것을 좋아하세요?

Aimez-vous jouer au tennis?

애메부 주에 오떼니쓰

jouer au tennis 테니스를 치다

✿ 저는 테니스를 무척 좋아해요.

Je suis fou(folle) du tennis.

쥬쉬 푸(폴) 뒤떼니쓰

être fou / folle de... ~에 열광하다

✿ 테니스 치세요?

Vous jouez au tennis?

부주에 오떼니스

✿ 몇 세트로 승부할까요?

Combien de sets on va jouer?

꽁비앵 드셋 옹바주에

Unité 5 레저를 즐길 때

✿ 수영하러 갑시다.

Allons faire de la natation.

알롱 패흐 들라나따씨옹

faire de la natation 수영하다

✿ 수영할 줄 아세요?

Pouvez-vous nager?

뿌베부 나줴

nager 수영하다

✿ 저는 수영을 못해요.

Je ne sais pas faire de la natation.

쥬느쌔빠 페흐 들라나따씨옹

✿ 저는 수영을 아주 잘해요.
Je sais bien faire de la natation.
쥬쌔 비앵 페흐 들라 나따씨옹

✿ 스키를 좋아하세요?
Aimez-vous le ski?
애메부 르쓰끼

✿ 스키에 관심 없어요.
Je ne m'intéresse pas au ski.
쥰 맹떼헤쓰빠 오쓰끼

✿ 매일 아침 조깅하러 갑니다.
Je fais du jogging tous les matins.
쥬패 뒤죠깅 뚤레마땡

tous les matins 매일 아침
faire du jogging 조깅하다

✿ 조깅은 건강에 좋습니다.
Le jogging est bon pour la santé.
르죠깅 에봉 뿌흐 라썽떼

✿ 우리는 도보 여행하러 갑니다.
On va faire de la randonnée.
옹바패흐 들라 헝도네

faire de la randonnée 도보 여행하다

✿ 저는 일주일에 3번 걷기를 해요.
Je fais de la marche trois fois par semaine.
쥬패 들라마흐슈 트후아푸아 빠흐쓰맨

faire de la marche 걷다
par semaine 주당, 일주일에

✿ 저는 운동을 별로 좋아하지 많아요.
Je n'aime pas faire du sport.
쥬냄빠 패흐 뒤쓰뽀흐

✿ 레저를 즐길만한 시간이 없네요.
Je n'ai pas le temps pour les loisirs.
쥬내빠 르떵 뿌흐레루아지흐

Chapitre **09** 날씨와 계절에 대해서

날씨에 대해 물을 때는 Quel temps fait-il aujourd'hui?(오늘 날씨 어때요?)라고 하고, 이에 대한 대답으로 Il fait beau.(좋아요) beau 대신 mauvais(나빠요), du soleil(해가 나요), du vent(바람이 붑니다) 등으로 활용할 수 있습니다. 명사와 함께 날씨를 표현할 때는 Il y a du vent(바람이 분다)처럼 Il y a~를 사용할 수 있습니다. '비 오다', '눈 오다'는 고유의 동사가 존재합니다. Il pleut.(비가 옵니다), Il neige(눈이 옵니다) 등.

Unité **1** 날씨를 물을 때

❄ 오늘 날씨 어때요?

Quel temps fait-il aujourd'hui?
껠떵 패띨 오쥬흐뒤

temps 날씨

❄ 그곳 날씨는 어때요?

Quel temps fait-il là-bas?
껠떵 패띨 라바

là-bas 거기, 그곳

❄ 파리 날씨는 어때요?

Il fait quel temps à Paris?
일패 껠떵 아빠히

❄ 비를 좋아하세요?

Aimez-vous la pluie?
애메부 라쁠뤼

pluie 비

❄ 어떤 날씨를 좋아하세요?

Vous aimez quel temps?
부재메 껠떵

🌸 오늘 날씨가 좋다.

Il fait beau aujourd'hui.

일패보 오주흐뒤

beau 멋진

🌸 햇볕이 좋아요.

Il fait du soleil.

일패 뒤 쏠레이으

> soleil는 '햇빛, 태양'이라는 뜻인데, '햇빛'은 셀 수 없는 명사이기 때문에 부분관사 du를 취한다.

🌸 맑아요.

Le temps est clair.

르떵 에끌래흐

clair 밝은, 맑은

🌸 따뜻해요.

Il fait doux.

일패 두

🌸 건조해요.

Il fait sec.

일패 쎅

🌸 시원해요.

Il fait frais.

일패 프해

🌸 눅눅해요.

Il fait humide.

일패 위미드

🌸 쌀쌀해요.

Il fait froid.

일패 프후아

Unité 3 더위와 추위를 말할 때

✿ 더워요.
Il fait chaud.
일패 쇼

✿ 푹푹 찌는군요.
Il fait un temps caniculaire.
일패 앵떵 꺄니뀔래흐

caniculaire 삼복의, 푹푹찌는

✿ 숨 막히게 덥습니다.
Le temps est étouffant.
르떵 에 에뚜펑

étouffant 숨막히는

✿ 얼어붙듯이 추워요.
Il gèle.
일쥃

✿ 날씨가 추워집니다.
Le temps devient plus froid.
르떵 드비앵 쁠뤼 프후아

devient ~이 되다

✿ 정말 춥습니다. 그렇죠?
Il fait vraiment froid, n'est-ce pas?
일패 브해멍 프후아, 네쓰빠

n'est-ce pas는 부가의문형이다.

✿ 저는 춥습니다.
J'ai froid.
줴 프후아

✿ 저는 덥습니다.
J'ai chaud.
줴 쇼

195

Unité **4**   바람이 불 때

✿ 아직도 바람이 부나요?

Il fait encore du vent?

일패 엉꼬흐 뒤벙

vent 바람

✿ 바람이 붑니다.

Il y a du vent.

일리아 뒤벙

✿ 바람이 붑니다.

Le vent souffle.

르벙 쑤플

souffler 입김을 불다, 바람이 불다

✿ 폭풍이 붑니다.

Il y a du vent violent.

일리아 뒤벙 비오렁

violent 격렬한

Unité **5**   비가 내릴 때

✿ 비가 와요.

Il pleut.

일쁠뢰

✿ 비가 억수같이 퍼부어요.

Il pleut à verse.

일쁠뢰 아베흐쓰

à verse 억수같이

✿ 폭우가 내려요.

Il pleut à torrents.

일쁠뢰 아토헝

à torrents 급류처럼, 많이

❀ 비가 퍼부어요.

Il pleut à seau.

일쁠뢰 아쏘

à seau 양동이로, 퍼붓듯이

❀ 날이 우중충해요.

Il fait gris.

일패 그히

gris 회색빛

❀ 비가 그쳤나요?

Il ne pleut plus?

일느 쁠뢰 쁠뤼

직역하면, '비가 더 이상
오지 않습니까?' 이다.

❀ 비가 올 거예요, 우산을 가져가세요.

Il va pleuvoir, prenez votre parapluie.

일바 쁠뢰부아흐, 프허네 보뜨흐 빠하쁠뤼

parapluie 우산

❀ 그는 비가 오는데 외출한다.

Il sort sous la pluie.

일쏘흐 쑬라쁠뤼

Unité 6 눈이 내릴 때

❀ 눈이 와요.

Il neige.

인네쥬

❀ 눈이 내립니다.

La neige tombe.

라네쥬 똥브

la neige 눈(雪)

❀ 함박눈이 내려요.

Il neige à gros flocons.

일네쥬 아그호 플로꽁

flocon 눈송이

✿ 눈이 올 것 같아요.

Il semble qu'il va neiger.

semble ~처럼 보이다

일썽블 낄바네줴

Unité **7** 일기예보에 대해 말할 때

✿ 일기예보를 확인해 보세요.

Vérifiez la météo.

météo 일기예보

베히피에 라메떼오

✿ 내일 일기예보가 어떤가요?

Que dit la météo pour demain?

끄디 라메떼오 뿌흐 드맹

✿ 주말 일기예보를 볼 겁니다.

Je vais voir le bulletin météo pour ce week-end.

쥬배부아흐 르뷜르땡 메떼오 뿌흐 쓰위껜드

✿ 일기예보를 믿을 수 있나요?

La météo est-elle fiable?

fiable 믿을만한

라메떼오 에뗄 피아블

✿ 오늘 오후에 개일 겁니다.

Il va y avoir du soleil cet après-midi.

일바 이아부아흐 뒤쏠레이오 쎄따프헤미디

Unité **8** 계절에 대해 말할 때

✿ 어느 계절을 좋아하세요?

Quelle saison aimez-vous?

껠째종 애메부

198

⚙ 저는 여름을 좋아해요.

J'aime l'été.

쥄 레떼

été 여름

⚙ 일 년 내내 봄이었으면 좋겠어.

J'aimerais être au printemps toute l'année.

쥄므해 애트흐 오프행떵 뚯라네

⚙ 가을 날씨를 좋아하세요?

Aimez-vous le temps de l'automne?

애메부 르떵 드로똔

영어와 달리 automne[오똔]에서 m이 발음되지 않는다.

⚙ 한국에서 7월은 매우 더워요.

Il fait très chaud en juillet en Corée.

일패 트해쇼 엉쥐이에 엉꼬헤

⚙ 저는 더위를 잘 타요.

Je suis sensible à la chaleur.

쥬쒸 썽씨블 알라샬래흐

직역하면, '저는 더위에 민감합니다'이다.

⚙ 비가 많이 오는 계절은 싫어해요.

Je n'aime pas la saison humide.

쥬냄빠 라쌔종 위미드

saison humide 습한계절

⚙ 가을은 독서하기 좋은 계절에요.

L'automne est la saison de la lecture.

로똔 에라쌔종 들라 렉뛰흐

⚙ 겨울이 다가와요.

L'hiver est sur le chemin.

리베흐 에 쒸흐 르슈맹

hiver 겨울

⚙ 여름은 연인들의 계절에요.

L'été est la saison des amoureux.

레떼 에 라쌔종 데자무회

✿ 장마철이다.

C'est la saison des pluies.

쎄라쌔종 데쁠뤼

✿ 가장 더운 계절은 아직 오지 않았어요.

La saison la plus chaude n'est pas encore venue.

라쎄종 라쁠뤼쇼드 네빠정꼬흐 브뉘

Chapitre **10** 시간과 연월일에 대해서

시각, 요일, 연월일 등의 시간에 관한 표현은 일상생활에서 흔히 사용되는 필수 표현이므로 언제, 어디에서든 술술 나오도록 연습해야합니다. 시간을 물을 때는 Quelle heure est-il?(몇 시입니까?), 요일을 물을 때는 Quel jour est-ce aujourd'hui?(오늘은 무슨 요일인가요?), 날짜를 물을 때는 Le combien sommes-nous? 또는 On est quel jour?(오늘은 며칠인가요?) 등으로 다양하게 표현할 수 있습니다.

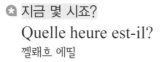
Unité 1 시간을 물을 때

❁ 지금 몇 시죠?

Quelle heure est-il?

껠래흐 에띨

> 영어의 What time is it?과 동일한 표현이며, il은 비인칭대명사이다.

❁ 몇 시인지 알려주시겠어요?

Pouvez-vous me dire quelle heure il est?

뿌베부 므디흐 껠래흐 일레

❁ 몇 시인가요?

Il est quelle heure?

일레 껠래흐

❁ 몇 시에 있나요? (출발 시간이나 시작 시간 등을 물을 때)

C'est à quelle heure?

쎄따 껠래흐

à quelle heure 몇시에

❁ 몇 시에 문을 여시나요?

Il ouvre à quelle heure?

일 우브흐 아껠래흐

✿ 몇 시에 출발해요?

Il part à quelle heure?

일빠흐 아껠뢔흐

| Unité 2 | 시간에 대해 답할 때 |

✿ 오전 7시입니다.

Il est 7 heures du matin.

일레 쎄뙈흐 뒤마땡

시간 표현 뒤에 ~du matin을
첨가하면 '오전 ~시', 또는
'새벽 ~시' 라는 의미가 된다.

✿ 8시 15분입니다.

Il est 8 heures et quart.

일레 위뙈흐 에까흐

quart 1 / 4 여기에서는 15분의 의미

✿ 저녁 9시 15분입니다.

Il est 9 heures 15 du soir.

일레 놰봬흐 깽즈 뒤쑤아흐

~du soir 저녁, 오후 ~시

✿ 오후 4시 30분입니다.

Il est 4 heures 30 de l'après-midi.

일레 꺄트봬흐 트헝뜨 드 라프헤미디

~de l'après-midi 오후 ~시

✿ 2시 반입니다.

Il est 2 heures et demie.

일레 되좨흐 에드미

demi(e) (절)반

✿ 10시 5분 전입니다.

Il est 10 heures moins 5.

일레 디좨흐 무앙 쌩끄

moins 마이너스, 전(前)

✿ 3시 15분 전입니다.

Il est 3 heures moins le quart.

일레 트후아좨흐 무앙 르까흐

moins le quart는 회화체에서
'15분 전'을 표시할 때 사용한다.

🌸 낮 12시입니다.

Il est midi.

일레 미디

🌸 밤 12시입니다.

Il est minuit.

일레 미뉘

🌸 정각 6시 정각입니다. (구어)

Il est 6 heues pile.

일레 씨쮀흐 삘

> 시간 뒤에 pile을 첨가하면
> 구어체에서 '~시 정각',
> '~시 땡' 이라는 의미가 된다.

🌸 정각 7시입니다.

Il est exactement 7 heures.

일레 떼그작뜨멍 쎄뙈흐

🌸 15분 후에

dans 15 minutes / dans un quart d'heure

덩 깽즈 미뉘뜨 / 덩정꺄흐 돼흐

dans+시간 ~후에

🌸 30분 전에

il y a 30 minutes

일리아 트헝뜨 미뉘뜨

> il y a 다음에 시간이 오면
> '~전에' 라는 의미가 되며,
> 과거문장에서 사용된다.

Unité 3 시간에 대해 묻고 답할 때

🌸 지각이군요.

Vous êtes en retard.

부젯 엉흐따흐

en retard 늦게

🌸 저는 일찍 왔어요.

Je suis en avance.

쥬쉬 정나벙쓰

en avance 일찍

✪ 그는 정각에 옵니다.
Il arrive à l'heure.
일라히브 아뢔흐

à l'heure 정각에, arriver / être / venir 등
다른 동사와도 함께 활용할 수 있다.

✪ 얼마나 걸리나요?
Il faut combien de temps?
일포 꽁비앙 드떵

〈il faut + 명사〉~가 필요하다

✪ 거기에 가려면 얼마나 걸립니까?
Ça prend combien de temps pour aller là-bas?
싸프헝 꽁비앙 드떵 뿌후알레 라바

〈ça prend + 시간〉은 '~의 시간이
걸린다' 라는 뜻으로, 영어의 it
takes와 동일한 표현이다.

✪ 이제 가야 할 시간이에요.
C'est l'heure de partir.
쎄 뢔흐 드빠흐띠흐

✪ 천천히 하세요.
Prenez votre temps.
프허네 보트흐떵

✪ 9시부터 6시까지 문을 엽니다.
Il est ouvert de 9 heures à 6 heures.
일레 뚜베흐 드놰쀄흐 아씨좨흐

de~ à~는 함께 사용할 때만 '~부터
~까지' 의 뜻이고, 각자 혼자
사용되면 다른 뜻이 되니 주의하자.

✪ 지체할 시간이 없어요.
Il n'y a pas de temps à perdre.
인니아빠 드떵 아뻬흐드흐

il n'y a pas de~
~이 없다

✪ 시간이 없습니다. (바빠요).
Je suis pressé(e).
쥬쉬 프헤쎄

✪ 서두르세요.
Dépêchez-vous!
데뻬쒜부

❀ 아직 시간이 있어요.

On a encore du temps.

온나 엉꼬흐 뒤떵

Unité 4 　연월일에 대해 말할 때

❀ 몇 년도에 태어나셨습니까?

En quelle année êtes-vous né(e)?

엉껠라네 앳부 네

> 시간을 표현할 때 전치사를 쓰는
> 경우와 안 쓰는 경우가 있으니
> 주의하자. '몇 년도에', '몇 월에' 라는
> 표현에서는 전치사 en을 사용한다.

❀ 몇 월이죠?

En quel mois sommes-nous?

엉껠무아 쏨누

❀ 여기에 있은 지 석 달 되었습니다.

Ça fait trois mois que je suis ici.

싸패 트후아무아 끄쥬쉬 지씨

> <Ça fait + 시간 + que~>는 '~한
> 지 얼마 되었다' 라는 표현이다.

❀ 8월 말까지 끝낼 수 있습니까?

Pouvez-vous finir jusqu'à la fin du mois d'août?

뿌베부 피니흐 쥐스까라팽 뒤무아 두뜨

❀ 오일은 6개월마다 교환해 주십시오.

Changez d'huile tous les six mois.

셩줴 뒬 뚤레씨무아

❀ 월요일부터 금요일까지 영업합니다.

C'est ouvert du lundi au vendredi.

쎄뚜베흐 뒤랭디 오벙드흐디

❀ 오늘이 며칠인가요? / 무슨 요일인가요?

On est quel jour?

온네 껠주흐

> 프랑스어의 jour는 날짜도
> 되고 요일도 된다.

Chapitre **11** 미용과 세탁에 대해서

프랑스에서는 미용실에 가기 위해 미리 예약을 하는 것이 좋습니다. 예약을 하려면 Est-ce qu'il vous reste de la place mercredi?(수요일에 자리가 있나요)나 Pouvez-vous me recevoir maintenant?(지금 제가 가도 될까요?) 등으로 하시면 됩니다. '헤어컷을 하고 싶습니다.'라는 표현은 Je voudrais une coupe라고 합니다. 머리 감기, 드라이 등 모든 서비스는 유료입니다. 무료 서비스는 없다고 생각하셔야 합니다.

Unité **1** 미용실에서

❁ 커트하고 싶습니다.
Je voudrais une coupe.
쥬부드해 윈꾸쁘

❁ 커트하려고 합니다.
J'ai besoin d'une coupe de cheveux.
줴브주앵 뒨꾸쁘 드슈뵈

> 직역하면, '저는 헤어컷이 필요합니다'이다.

❁ 커트를 해 주세요.
Pouvez-vous me couper les cheveux?
뿌베부 므 꾸뻬 레슈뵈

❁ 어떤 스타일로 해 드릴까요?
Quelle coiffure voulez-vous?
껠꾸아퓌흐 불레부

coiffure 머리모양, 머리장식

❁ 원하는 스타일이 있으세요?
Vous avez une idée de ce que vous voulez?
부자베 윈이데 드쓰끄 부불레

✿ 머리카락을 조금 쳐내 주시겠어요?

Pouvez-vous me dégrader les cheveux?

뿌베부 므 데그하데 레슈뵈

✿ 머리 감겨드릴까요?

Voulez-vous que je les lave?

불레부 끄주레라브

✿ 샴푸해 드릴까요?

Voulez-vous un shampooing?

불레부 앵 셩뿌앙

✿ 저는 항상 머리를 묶고 다닙니다.

Je porte toujours une queue de cheval.

쥬뽀흐뜨 뚜주흐 윈꾀드슈발

> queue de cheval 말꼬리, 하나로 묶은 머리

✿ 유행하는 짧은 스타일이었으면 좋겠습니다.

Je voudrais les cheveux courts et à la mode.

쥬부드해 레슈뵈 꾸흐 에 알라모드

à la mode 유행인

✿ 알아서 해주세요.

Je vais vous laisser faire.

쥬배부 래쎄패흐

> 직역하면, '나는 당신이 하도록 내버려 두겠습니다' 이다.

✿ 가르마는 어떻게 할까요?

Où voulez-vous la raie?

우불래부 라해

> 직역하면, '당신은 어디에 가르마를 원하십니까?' 이다.

✿ 왼쪽에 가르마를 해주세요.

Sur le côté gauche, s'il vous plaît.

쒸흐 르꼬떼 고슈, 씰부쁠래

✿ 드라이 해 드릴까요?

Voulez-vous que je les sèche?

불레부 끄 쥬레 세슈

sécher 건조시키다

✿ 단지 샴푸랑 린스만 합니다.

Je vais juste faire un shampooing et un après-shampooing.
쥬배 쥐스뜨 패흐 앵셩부앙 에 앤나프헤 셩뿌앙

✿ 머리카락이 가늘고 건조한 편이군요.

Vos cheveux sont très fins et plutôt secs.
보슈뵈 쏭 트해팽 에 쁠뢰또 쎅

✿ 일주일에 한 번은 헤어팩을 해주시는 게 좋을 거 같아요.

Vous devriez faire un masque au moins une fois par semaine.
부 드브히에 패흐 앵마스끄 오무앙 윈푸아 빠흐 쓰맨   au moins 적어도

✿ 머리카락과 두피에 좀더 신경을 쓰셔야 할 것 같습니다.

Vous devriez prendre plus soin de vos cheveux et de votre cuir chevelu.
부 드브히에 프헝드흐 쁠뤼쑤앙 드보슈뵈 에 드보트흐 뀌흐슈블뤼   cuir chevelu 두피

✿ 염색하시겠어요?

Voulez-vous les teindre?
불레부 레땡드흐

✿ 제 고유의 머리카락 색깔을 간직하고 싶어요.

Je voudrais garder ma couleur naturelle.
쥬부드해 갸흐데 마꿀뢔흐 나뛰헬

✿ 좋은 비듬 치료 샴푸가 있나요?

Y a-t-il un bon shampooing antipelliculaire?
이아띨 앵봉 셩뿌앙 엉띠뻴리뀔래흐

✿ 머리카락은 층을 내 주시고 앞머리는 내려 주세요.

Je voudrais un dégradé et une petite frange sur le front.   frange 앞머리
쥬부드해 앵데그하데 에 윈쁘띳 프헝쥬 쒸흐 르프홍

✿ 스프레이나 젤을 발라 드릴까요?

Voulez-vous que je mette un peu de spray ou du gel?
불레부 끄 쥬멧 앵쁘드 스프해 우 뒤젤

Unité 2 세탁소에서

✿ 이 양복을 다림질 해 주세요.

Pouvez-vous repasser ce costume, s'il vous plaît.

뿌베부 흐빠쎄 쓰꼬스튐, 씰부쁠래

repasser 다림질하다

✿ 이 세탁물을 세탁해 주세요.

Pourriez-vous nettoyer le linge?

뿌히에부 네뚜와예 르랭쥬

nettoyer 세탁하다

✿ 이 셔츠에 얼룩을 제거해 주시겠어요?

Pourriez-vous enlever la tache sur cette chemise?

뿌히에부 엉르베 라따슈 쒸흐 쎗 슈미즈

enlever 제거하다

✿ 치마 길이 좀 줄여 주세요.

Pouvez-vous raccourcir ma jupe?

뿌베부 하꾸흐씨흐 마쥐쁘

raccourcir 줄이다, 좁히다

✿ 바지통을 좀 줄여 주세요.

Resserrez mon pantalon, s'il vous plaît.

흐쎄헤 몽뻥딸롱, 씰부쁠래

✿ 언제 찾아갈 수 있나요?

Quand je peux récupérer?

껑쥬쁴 헤뀌뻬헤

récupérer 되찾다

✿ (드라이 클리닝) 세탁비는 얼마인가요?

Quels sont les frais de nettoyage (à sec)?

껠쏭 레프해 드 네뚜아야쥬 (아쎅)

Chapitre 12 음주와 흡연에 대해서

포도주를 즐기는 프랑스 사람들에게 식사와 곁들인 한 잔의 포도주는 삶을 풍요롭게 합니다. Qu'est-ce que vous voulez boire?(뭘 드실래요?)라는 질문을 받으면, 간단하게 Du vin, s'il vous plaît.(포도주 주세요)라고 하시면 됩니다. 요리가 바뀌면 그것에 맞는 포도주가 나옵니다. 적당히 마신 후 남은 포도주는 남겼다가 요리할 때 사용하거나 밀봉한 후 다음을 기약합니다. 술이 취했을 때는 무리하지 마시고, Non, merci.(아니, 됐습니다), J'ai assez bu(충분히 마셨습니다)라고 말하면 됩니다.

Unité 1 술을 권할 때

❀ 술 한 잔 하시겠어요?

Voulez-vous prendre un verre?

불레부 프헝드흐 앵베흐

❀ 포도주 드실래요?

Voulez-vous du vin?

불레부 뒤뱅

❀ 한 잔 사고 싶군요.

Je voudrais vous offrir un verre.

쥬부드해 부조프히흐 앵베흐

offrir 선사하다, 제공하다

❀ 술 마시는 것 좋아하세요?

Vous aimez boire de l'alcool?

부재메 부아흐 드랄꼴

❀ 저희 집에 가서 한잔 합시다.

On va boire un coup chez moi.

옹바 부아흐 앵꾸 쉐무아

boire un coup 한잔하다

⚙ 레드와인은 어떠세요?

Qu'est-ce que vous pensez du vin rouge?

께쓰끄 부뻥쎄 뒤뱅 후쥬

vin rouge 적포도주
vin blanc 백포도주

⚙ 저는 샴페인을 좋아합니다.

J'aime le champagne.

쥼 르셩빠뉴

champagne 샴페인

Unité 2 건배를 할 때

⚙ 건배합시다.

Nous allons porter un toast.

누잘롱 뽀흐떼 앵또쓰뜨

porter un toast 건배하다

⚙ 건배!

Santé!

썽떼

santé는 '건강'이라는 뜻인데, 특별히 건배할 주제가 없으면 '건강'을 위해 건배한다.

⚙ 당신을 위하여 건배!

À votre santé!

아 보트흐 썽떼

직역하면, '당신의 건강을 위해'이다.

⚙ 당신을 위해!

À la vôtre!

알라 보트흐

⚙ 우리들의 건강을 위해!

À notre santé!

아 노트흐 썽떼

⚙ 우리 모두의 행복을 위해!

Au bonheur de nous tous!

오 본놰흐 드 누뚜스

🌸 제가 한 잔 따라 드리겠습니다.
Je vous sers.
쥬부 쎄흐

servir 서빙하다

🌸 포도주 따라 드릴까요?
Je vous sers du vin?
쥬부 쎄흐 뒤뱅

🌸 오늘은 제가 한턱낼게요. (구어)
Aujourd'hui, c'est ma tournée.
오주흐뒤, 쎄마 뚜흐네

tournée 한턱내기

🌸 당신 취하셨어요.
Vous êtes ivre.
부젯 이브흐

ivre=saoul 취한

🌸 나는 취했어.
Je suis saoul.
쥬쉬 술

🌸 제가 내겠습니다.
Vous êtes mon invité(e).
부젯 몬냉비떼

> 직역하면, '당신은 제 손님입니다.' 이다.

🌸 저는 술을 좋아해요.
J'aime boire.
쥄 부아흐

🌸 이 술은 뒷맛이 안 좋아요.
Cette liqueur laisse un arrière goût désagréable.
쎗리꿰흐 래쓰 앤나히에흐 구 데자그헤아블

goût 맛

Unité 4 주량에 대해 말할 때

⚙ 평소에 어느 정도 마시나요?

Combien de boissons alcoolisées consommez-vous habituellement?

꽁비앵드 부아쏭 알꼴리제 꽁쏘메부 아비뛰엘멍

⚙ 저는 술고래입니다.

Je suis un grand buveur.

쥬 쉬 앵그헝 뷔뵈흐

buveur 술꾼

⚙ 저는 한 잔만 마셔도 얼굴이 빨개져요.

Un seul verre de vin me fait rougir.

앵쐴베흐 드뱅 므패 후쥐흐

⚙ 저는 술을 천천히 마시는 편입니다.

J'aime boire à longs traits.

쥄 부아흐 아롱트해

à longs traits 천천히

⚙ 얼마나 자주 술을 드십니까?

Combien de fois par semaine buvez-vous?

꽁비앵 드푸아 빠흐 쓰맨 뷔베부

직역하면, '일주일에 몇 번 술을 드시나요?'이다.

⚙ 매일 밤 술을 마셔요.

Je bois tous les soirs.

쥬부아 뚤레쑤아흐

⚙ 술이라면 무엇이든 가리지 않습니다.

J'aime tout type d'alcool.

쥄 뚜띱 달꼴

tout 모든

⚙ 숙취는 없나요?

Vous n'avez pas la gueule de bois?

부나베빠 라괠드부아

gueule de bois 숙취

✿ 알코올은 입에 대지 않기로 했습니다.

Je ne prendrai plus jamais d'alcool.

쥬느 프헝드래 쁠뤼쟈매 달꼴

✿ 의사가 술을 마시면 안 된다고 했어요.

Mon médecin m'interdit tout alcool.

몽멛생 맹떼흐디 뚜딸꼴

interdire 금하다

✿ 술을 끊는 것이 좋겠습니다.

Je vous conseille d'arrêter boire de l'alcool.

쥬부 꽁세이 다헤떼 부아흐 드랄꼴

conseiller de~ 조언하다

✿ 술을 끊었어요.

J'ai cessé de boire.

줴쎄쎄 드부아흐

cesser de 중단하다, 끊다

✿ 담배를 피우고 싶어서 죽겠어요.

J'ai très envie de fumer.

줴 트해정비 드퓌메

✿ 담배 있으세요?

Avez-vous des cigarettes?

아베부 데씨갸헷

✿ 불을 빌려 주시겠습니까?

Puis-je avoir du feu?

쀠쥬 아부아흐 뒤푀

직역하면, '제가 불을 가질 수 있을까요?'이다.

214

✿ 재떨이 좀 건네주시겠어요?

Pouvez-vous me passer le cendrier?

뿌베부 므빠쎄 르썽드히에

cendrier 재떨이

✿ 아버지는 애연가이십니다.

Mon père est un grand fumeur.

몽뻬흐 에땡 그헝 퓌뫠흐

fumeur 흡연자

✿ 하루에 어느 정도 피우세요?

Combien de cigarettes fumez-vous?

꽁비앙 드 씨갸헷 퓌메부

✿ 거의 모든 장소가 금연입니다.

Presque tous les lieux publics sont non-fumeurs.

프헤스끄 뚜레리외 쀠블릭 쏭 농퓌뫠흐

presque 거의

Unité	7	흡연을 허락받을 때

✿ 담배를 피워도 되겠습니까?

Puis-je fumer?

쀠쥬 퓌메

> <Est-il possible de + 동사원형?> 또는
> <Il est possible de + 동사원형?>은
> '~이 가능한가요?' 라는 패턴으로
> 유용하게 활용 가능하다.

✿ 어기에서 담배 피워도 되나요?

Est-il est possible de fumer ici?

에띨 뽀씨블 드퓌메 이씨

✿ 이곳은 금연석입니까?

Cette place est non-fumeur?

쎗쁠라쓰 에 농퓌뫠흐

non-fumeur 금연(석)

✿ 흡연석이 있나요?

Est-ce qu'il y a des sièges fumeurs?

에쓰낄리아 데씨에쥬 퓌뫠흐`

siège fumeur 흡연석

✿ 흡연석은 더 이상 없습니다.
Il n'y a plus de place fumeur?
인니아 쁠뤼 드 쁠라쓰 퓌뫠흐

Unité 8 금연에 대해 말할 때

✿ 공공장소에서는 금연입니다.
Il est interdit de fumer dans les lieux publics.
일레 땡떼흐디 드퓌메 덩레리외 퓌블릭

lieux publics 공공장소

✿ 담배를 끊으셔야 합니다.
Vous devez arrêter de fumer.
부드베 아헤떼 드퓌메

✿ 당신은 담배를 너무 피우십니다.
Vous fumez trop.
부퓌메 트호

trop 너무 지나치게

✿ 담배는 건강에 좋지 않습니다.
Les cigarettes, ce n'est pas bon pour la santé.
레씨갸헷, 쓰네빠봉 뿌흐라썽떼

✿ 2년 전에 담배를 끊었습니다.
J'ai arrêté de fumer il y a 2 ans.
줴 아헤떼 드퓌메 일리아 되정

✿ 당신이 담배를 끊으시면 좋겠습니다.
J'aimerais que vous arrêtiez de fumer.
쥄므해끄 부자헤띠에 드퓌메

> J'aimerais~ 조건법으로 바람, 소망을 나타낸다.

✿ 그는 담배를 결코 못 끊을 거다.
Il ne pourrait jamais arrêter de fumer.
인느뿌해 쟈매 아헤데 드퓌메

> 여기에서 pourrait 조건법은 불확실한 미래를 표현한다.

핵심문장
동영상강의

Partie 6

여행과 출장에 관한 표현

외국으로의 여행, 특히 예술과 낭만의 도시 프랑스 파리로의 여행은 그 자체만으로 가슴을 설레게 합니다. 영어가 잘 통하지 않는 프랑스로의 여행을 생각하신다면, 막연하게 아무런 준비 없이 떠나는 것보다는 기본적인 회화를 익혀두어야 함은 물론이고, 여행 계획을 짜두어야 훨씬 안전하고 즐거운 여행을 할 수 있습니다. 따라서 이 장에서는 여행 시 필요한 숙박, 쇼핑, 관광 등에 관한 다양한 표현을 익히도록 하겠습니다.

Chapitre **01** 출국 비행기 안에서

한국에서 출발하는 항공회사(compagnie aérienne)의 기편 (vol)에는 대개 한국인 승무원이 탑승하고 있어서 영어나 프 랑스어를 못해도 큰 불편은 없습니다. 비행기를 처음 타거나 배정된 좌석을 찾기 힘들 땐 항상 스튜어디스에게 도움을 청 하면 됩니다. 만약 외국 비행기에 우리나라 승무원이 없어서 의사소통이 어렵더라도 좌석권을 승무원에게 보여 주기만 하 면 직원들이 알아서 서비스를 제공해 줍니다.

Unité **1** 좌석을 찾을 때

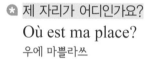

✿ 제 자리가 어디인가요?

Où est ma place?

우에 마쁠라쓰

place 자리

✿ 탑승권을 보여 주시겠습니까?

Pouvez-vous montrer votre carte d'embarquement?

뿌베부 몽트헤 보트흐까흐프 덩바흐끄멍

carte d'embarquement 탑승권

✿ 미안합니다. 지나갈게요.

Excusez-moi, je voudrais passer.

엑스뀌제무아, 쥬부드해 빠세

✿ 여기는 제 자리인데요.

Je pense que c'est ma place.

쥬뻥쓰끄 쎄마쁠라쓰

> Je pense que~ 제 생각에는~

✿ (옆 사람에게) 자리를 바꿔주실 수 있으세요?

Pourriez-vous changer de place?

뿌히에부 셩줴 드쁠라쓰

> Pourriez-vous~?는 pouvoir(할 수 있다)의 조건법으로 공손한 부탁에 사용한다.

✿ 자리를 바꾸고 싶습니다.

Je voudrais changer de place.

쥬부드해 셩줴 드쁠라쓰

✿ 저기 빈자리로 옮겨도 될까요?

Puis-je me mettre dans la place libre là-bas?

뛰쥬 므메트흐 덩라쁠라쓰 리브흐 라바

là-bas 저기

Unité 2 기내 서비스를 받을 때

✿ 어떤 음료를 드릴까요?

Qu'est-ce que vous voulez boire?

께스끄 부불레 부아흐

✿ 어떤 음료가 있습니까?

Qu'est-ce que vous avez comme boisson?

께쓰끄 부자베 꼼 부아쏭

comme boisson 음료로

✿ 콜라 있나요?

Avez-vous du coca?

아베부 뒤꼬까

✿ 맥주를 주시겠어요?

De la bière, s'il vous plaît.

들라비에흐, 씰부쁠래

✿ 베개와 모포를 주시겠어요?

Puis-je avoir un oreiller et une couverture?

뛰쥬 아부아흐 앤노헤이에 에 윈꾸베흐뛰흐

oreiller 베개
couverture 모포, 이불

✿ 한국어 신문은 있나요?

Avez-vous des journaux coréens?

아베부 데쥬흐노 꼬헤앵

journaux는 journal(신문)의
복수형으로, -al로 끝나는 명사의
복수는 -aux의 꼴이 된다.

✿ 물 좀 주시겠어요?

Puis-je avoir de l'eau, s'il vous plaît.

뛰쥬 아부아흐 들로, 씰부쁠래

eau 물

Unité 3 기내 식사를 받을 때

✿ 식사는 언제 나오나요?

Quand servez-vous du repas?

껑 쎄흐베부 뒤 흐빠

repas 식사

✿ 소고기와 닭고기가 있는데, 어느 것으로 하시겠습니까?

Voulez-vous du bœuf ou du poulet?

불레부 뒤뵈프 우 뒤뿔레

bœuf 소고기
poulet 닭고기

✿ 저는 채식주의자예요.

Je suis végétarien(ne).

쥬쉬 베줴따히엥(엔)

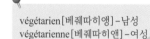

végétarien [베줴따히앵] – 남성
végétarienne [베줴따히앤] – 여성

✿ 식사는 필요 없어요.

Je ne prends pas de repas.

쥬느프헝빠 드흐빠

✿ 치워주세요.

Vous pouvez débarasser.

부뿌베 데바하쎄

débarassser 치우다

Unité 4 입국카드를 작성할 때

✿ 이것이 입국카드인가요?

Est-ce une carte de débarquement?

에스 윈까흐뜨 드 데바흐끄멍

carte de débarquement 입국카드

✿ 이 서류 작성법을 가르쳐 주시겠어요?

Pouvez-vous me dire comment remplir ce formulaire?

뿌베부 므디흐 꼬멍 헝쁠리흐 쓰포흐뮐래흐

| Unité | **5** | 기내 면세품을 구입할 때 |

✿ 기내에서 면세품을 판매하나요?

Vendez-vous des produits détaxés à bord?

벙데부 데프호뒤 데딱쎄 아보흐

produit détaxé 면세품
à bord 기내에서

✿ 어떤 담배가 있나요?

Quelles cigarettes avez-vous?

껠씨갸헷 아베부

✿ (면세품 사진을 가리키며) 이것은 있습니까?

Avez-vous ceci?

아베부 쓰씨

✿ 한국 돈을 받나요?

Vous acceptez de l'argent coréen Won?

부작쎕떼 들라흐정 꼬헤앵 원

| Unité | **6** | 몸이 불편할 때 |

✿ 비행기 멀미약은 있습니까?

Avez-vous des médicaments pour le mal de l'air?

아베부 데메디까멍 뿌흐르 말 들래흐

✿ 몸이 좀 불편합니다. 약을 주시겠어요?

Je me sens mal. Pouvez-vous me donner quelques médicaments?

쥬므쎵말. 뿌베부 므도네 껠끄 메디까멍

✿ 착륙까지 얼마나 남았나요?

Il reste combien de temps jusqu'à l'atterrissage?

일헤스프 꽁비앵 드떵 쥐쓰꺄 라떼히싸쥬

✿ 현지 시간으로 지금 몇 시입니까?

Quelle heure est-il à l'heure locale?

껠래흐 에띨 아홰흐 로깔

Unité 7 통과, 환승할 때

✿ 이 공항에서 어느 정도 머뭅니까?

Combien de temps faut-il rester ici?

꽁비앵 드 떵 포띨 헤스떼 이씨

✿ 환승 카운터는 어디인가요?

Où est le comptoir de transfert?   comptoir de transfert 환승카운터

우에 르꽁뚜아흐 드 트헝쓰페흐

✿ 탑승 수속은 어디에서 하면 되나요?

Où est le comptoir d'enregistrement?   comptoir d'enregistrement 탑승수속 카운터

우에 르꽁뚜아흐 덩흐쥐스트흐멍

✿ 환승까지 시간은 어느 정도 있나요?

On a combien de temps pour l'escale?   escale 기항, 환승까지 대기시간

온나 꽁비앵 드떵 뿌흐 레쓰꺌

✿ 탑승은 몇 시부터 시작하나요?

À quelle heure commence l'embarquement?   embarquement 탑승

아껠래흐 꼬멍쓰 엉바흐끄멍

222

Chapitre 02 공항에 도착해서

목적지 공항에 도착하면 먼저 Arrivées(도착), Entrée(입구) 등의 표시를 따라 Immigration(이주, 입국), Contrôle passeport(여권심사)를 향해서 가면 입국심사 카운터에 도착합니다. 기내에서 작성한 입국카드와 여권을 심사관에게 보입니다. 입국심사가 끝나면 Bagages(짐, 수하물)의 표시를 따라서 갑니다. 짐을 찾고 신고할 것이 있으면 Douane(세관)의 표시를 따라 세관으로 가서 여권과 세관신고서를 담당에게 보여 주고 통과를 기다리면 됩니다.

Unité **1** 입국 수속을 밟을 때

✿ 여권을 보여 주시겠습니까?
Votre passeport, s'il vous plaît.
보트흐 빠쓰뽀흐, 씰부쁠래

✿ 입국 목적은 무엇입니까?
Quel est le but de votre visite?
껠레 르뷔 드보트흐 비지뜨

but 목적

✿ 얼마나 체류하실 건가요?
Combien de temps allez-vous rester?
꽁비앙 드떵 알레부 헤스떼

rester 머물다

✿ 어디에서 머무세요?
Où allez-vous rester?
우알레부 헤스떼

✿ ○○호텔에 머물러요.
Je vais rester à l'Hôtel ○○.
쥬배 헤스테 아로뗄 ○○

✿ (메모를 보이며) 숙박처는 이 호텔이에요.

Je vais rester dans cet hôtel.

쥬배 헤스떼 덩쩨또뗄

✿ (호텔은) 아직 정하지 않았어요.

Je ne sais pas encore.

쥬느쌔빠 정꼬흐

직역하면, '아직 모릅니다'이다.

✿ 돌아가는 항공권은 가지고 계십니까?

Avez-vous le billet de retour?

아베부 르비에 드 흐뚜흐

billet de retour 돌아가는 표

✿ 단체여행입니까?

Êtes-vous un(e) membre du voyage organisé?

앳부 앵(윈) 멍부흐 뒤부아야쥬 오흐갸니제

voyage organisé 패키지여행

✿ 현금은 얼마나 가지고 계십니까?

Combien d'argent avez-vous sur vous?

꽁비앵 다흐졍 아베부 쮜흐부

✿ 이 나라는 처음이십니까?

C'est votre première visite ici?

쎄 보트흐 프허미에 비지뜨 이씨

Unité **2** 짐을 찾을 때

✿ 짐은 어디에서 찾나요?

Où puis-je prendre mes bagages?

우 뷔쥬 프헝드르 메바가쥬

bagage 짐, 수하물

✿ 여기가 714편 짐 찾는 곳인가요?

Où est le carrousel à bagages pour le vol 714?

우에 리꺄후젤 아바가쥬 뿌흐볼 쎗썽꺄또흐즈

224

✿ 714편 짐은 나왔나요?

Les bagages du vol 714 sont arrivés?

레바갸쥬 뒤볼 쎗썽꺄또흐즈 쏭 따히베

✿ 제 짐이 보이지 않습니다.

Je ne vois pas mon bagage.

쥬느부아빠 몽바갸쥬

✿ 이것이 수화물인환증이에요.

Voilà mon reçu d'enregistrement.

부알라 몽흐쮜 덩흐쥐스트흐멍

✿ 찾으면 제 호텔로 보내주세요.

Quand vous le trouvez, envoyez-le à mon hôtel, s'il vous plaît.

껑부르트후베, 엉부아예르 아몬노뗄, 씰부쁠래

✿ 수일 내에 보상해 주십시오.

Pouvez-vous le dédommager dans quelques jours?

뿌베부 르데도마줴 덩겔끄 쥬흐

Unité	3	세관을 통과할 때

✿ 여권과 신고서를 보여 주십시오.

Votre passeport et votre déclaration à la douane, s'il vous plaît.

보트흐 빠쓰뽀흐 에 보트흐 데끌라하씨옹 알라두안, 씰부쁠래

✿ 신고할 것은 있습니까?

Avez-vous quelque chose à déclarer?

아베부 껠끄 쇼즈 아 데끌라헤

✿ 개인용품입니다.

Ce sont mes affaires personnelles.

affaires personnelles 개인용품

쓰쏭 메자패흐 뻬흐쏘넬

✿ 이 가방을 열어주십시오.
Ouvrez cette valise, s'il vous plaît.
우브헤 쎗발리즈, 씰부쁠래

ouvrez 여세요
valise 가방

✿ 내용물은 무엇입니까?
Qu'est-ce qu'il y a dedans?
께스낄리아 드덩

✿ 이것은 무엇입니까?
Qu'est-ce que c'est?
께스끄 쎄

✿ 다른 짐은 있나요?
Avez-vous d'autres valises?
아베부 도트흐 발리즈

✿ 이건 과세 대상이 됩니다.
Vous devez payer un impôt sur ce produit.
부드베 뻬이에 앤냉뽀 쒸흐 쓰 프호뒤

직역하면, '이 물건에 대해
세금을 내셔야 합니다' 이다.

Unité **4** 공항의 관광안내소에서

✿ 관광안내소는 어디에 있습니까?
Où est l'office de tourisme?
우에 로피쓰 드 뚜히슴

office de tourisme 관광안내소

✿ 시가지도와 관광 팸플릿을 주시겠어요.
Je voudrais un plan de ville et une brochure touristique.
쥬부드해 앵쁠렁드빌 에 윈 브로쉬흐 뚜히스띡

plan 지도
plan de ville 시가지도
plan de métro 전철노선표

✿ 매표소는 어디에 있나요?
Où est le guichet?
우에 르기쉐

✿ 출구는 어디인가요?

Où est la sortie?

우에 라쏘흐띠

sortie 출구

✿ 어기에서 호텔을 예약할 수 있나요?

Puis-je réserver un hôtel ici?

뷔쥬 헤제흐베 앤노뗄 이씨

✿ 호텔 리스트가 있나요?

Avez-vous une liste d'hôtels?

아베부 윈리스프 도뗄

✿ 여기에서 렌트카를 예약할 수 있을까요?

Puis-je louer une voiture ici?

뷔쥬 루에 윈부아뛰흐 이씨

louer는 '임대하다'의 뜻이므로,
louer une voiture는 '차를 렌트하다'
가 된다.

Unité 5 포터(짐꾼)를 이용할 때

✿ 포터를 불러 주세요.

Appelez-moi un porteur, s'il vous plaît

아쁠레 무아 앵뽀흐때흐, 씰부쁠래

✿ 이 짐을 버스정류소까지 옮겨주세요.

Emportez ces bagages jusqu'à l'arrêt de bus, s'il vous plaît.

엉뽀흐데 세바갸쥬 쥐스꺄 라헤드 뷔쓰, 씰부쁠래

✿ 카트는 어디에 있습니까?

Où est le chariot?

우에 르샤히오

chariot 카트, 수레

✿ 짐을 호텔로 보내주세요.

Livrez mes bagages à mon hôtel, s'il vous plaît.

리브헤 메바갸쥬 아몬노뗄, 씰부쁠래

227

Chapitre **03** 호텔을 이용할 때

숙소는 한국에서 출발하기 전에 예약을 해두는 것이 좋습니다. 예약할 때는 요금, 입지, 치안 등을 고려해서 정하도록 합니다. 호텔의 체크인 시각은 보통 오후 3시부터이지만 호텔에 따라 다를 수 있습니다. 호텔 도착 시간이 오후 6시를 넘을 때는 예약이 취소될 수 있으니 늦을 경우에는 호텔에 도착 시간을 전화로 알려두는 것이 좋습니다. 방의 형태, 설비, 요금, 체재 예정 기간 등을 체크인 할 때 확인하도록 합니다.

Unité **1** 호텔을 찾을 때

✿ 어기에서 호텔을 예약할 수 있나요?

Puis-je réserver une chambre ici?

뛰쥬 헤제흐베 윈셩브흐 이씨

chambre 방(침실)

✿ 역까지 데리러 오실 수 있으신가요?

Pouvez-vous venir me chercher à la gare?

뿌베부 브니흐 므쉐흐쮀 알라 갸흐

gare 기차역

✿ 공항까지 데리러 오시겠어요?

Pouvez-vous venir me chercher à l'aéroport?

뿌베부 브니흐 므쉐흐쉐 알라에흐뽀흐

✿ 그 호텔은 어디에 있습니까?

Où est l'hôtel?

우에 로뗄

> Où est~?는 구어체에서 ~ est où?로 표현할 수도 있다.

✿ 다른 호텔을 소개해 주시겠어요?

Pouvez-vous me présenter un autre hôtel?

뿌베부 므프헤정떼 앤노트흐오뗄

🌸 유스호스텔을 찾고 있습니다.

Je cherche une auberge de jeunesse.

쥬쉐흐슈 윈노베흐쥬 드 젼네쓰

Unité 2 전화로 호텔을 예약할 때

🌸 방을 예약하고 싶습니다.

Je voudrais réserver une chambre.

쥬부드해 헤제흐베 윈셩브흐

> <Je voudrais + 명사[동사원형]>은 '~(해)주세요' 라는 공손한 부탁의 표현이다.

🌸 오늘 밤을 보낼 빈방이 있나요?

Avez-vous une chambre libre pour ce soir?

아베부 윈셩브흐 리브흐 뿌흐 쓰쭈아흐

libre 자유로운, 빈

🌸 숙박 요금은 얼마인가요?

Quel est le prix d'une chambre?

껠레 르프히 뒨셩브흐

prix 가격

🌸 1박에 얼마입니까?

C'est combien pour une nuit?

쎄 꽁비앵 뿌흐 윈뉘

🌸 요금에 조식이 포함되어 있나요?

Est-ce que le petit déjeuner est compris dans le prix?

에쓰끄 르쁘띠데줴네 에꽁프히 덩르프히

🌸 봉사료와 세금은 포함되어 있나요?

Est-ce que le service et la taxe sont compris?

에스끄 르쎄흐비쓰 에 라딱쓰 쏭 꽁프히

🌸 더 싼 방은 없습니까?

Vous n'avez pas une chambre moins chère?

부나베빠 쥔셩브흐 무앵쉐흐

✿ 며칠 밤을 머무실 건가요?

Vous voulez une chambre pour combien de nuits?

부불레 윈셩브흐 뿌흐 꽁비앵 드뉘

✿ 더블 룸으로 부탁합니다.

Je voudrais une chambre double.

쥬부드해 윈셩브흐 두블

✿ 욕실이 있는 방으로 부탁합니다.

Une chambre avec bain, s'il vous plaît.

윈셩브흐 아벡뱅, 씰부쁠래

avec bain 욕실이 딸린

✿ 3인용 방을 예약하고 싶습니다.

Je voudrais réserver une chambre pour 3 personnes.

쥬부드해 헤제흐베 윈셩브흐 뿌흐 트후아 뻬흐쏜

✿ 예약을 취소하고 싶군요.

Je voudrais annuler ma réservation.

쥬부드해 아닐레 마헤제흐바씨옹

annuler 취소하다

Unité 3 체크인 할 때

✿ 안녕하세요. 무엇을 도와드릴까요?

Bonsoir. Qu'est-ce que je peux faire pour vous?

봉수아흐. 께쓰끄 쥬쁘 패흐 뿌흐부

✿ 예약을 하셨어요?

Avez-vous fait une réservation?

아베부 패 윈 헤제흐바씨옹

✿ 예약번호가 여기 있습니다.

Voilà mon numéro de réservation.

부알라 몽뉘메호 드 헤제흐바씨옹

numéro 번호

한국에서 예약했습니다.
J'ai réservé en Corée.
줴헤제흐베 엉꼬헤

예약을 하지 않았습니다.
Je n'ai pas réservé.
쥬내빠 헤제흐베

성함을 말씀해주세요.
Votre nom, s'il vous plaît.
보트흐 농, 씰부쁠래

~s'il vous plaît는 영어의 ~please처럼 무엇인가를 부탁하거나 요구할 때 간편하게 사용된다.

숙박카드를 작성해 주십시오.
Veuillez remplir cette fiche.
뵈이에 헝쁠리흐 쎗피슈

remplir 채우다, 작성하다

이게 방 열쇠입니다.
C'est votre clé.
쎄 보트흐 끌레

clé 열쇠
carte-clé 카드키

카드키가 여기 있습니다.
Voilà votre carte-clé.
부알라 보트흐 까흐뜨끌레

귀중품을 보관해 주시겠어요?
Pouvez-vous garder mes objets de valeur?
뿌베부 갸흐데 메조브줴 드발뢔흐

Unité 4 방을 확인할 때

방을 보고 싶습니다.
Je voudrais voir la chambre.
쥬부드해 부아흐 라샹브흐

❂ 다른 방은 없습니까?

Vous n'avez pas d'autres chambres?

부나베빠 도트흐 셩브흐

❂ 좀 더 큰방으로 바꿔 주시겠어요?

Je voudrais une chambre plus grande.

쥬부드해 윈셩브흐 쁠뤼 그헝드

plus grande 더 큰

❂ 조용한 방으로 부탁합니다.

Je voudrais une chambre calme.

쥬부브해 윈셩브흐 꺌므

calme 조용한

❂ 전망이 좋은 방으로 부탁드립니다.

Je voudrais une chambre avec une belle vue.

쥬부드해 윈셩브흐 아벡 윈벨뷔

belle vue 멋진 광경

❂ 이 방으로 하겠습니다.

Je prends cette chambre.

쥬프헝 쩻셩브흐

> prendre동사는 영어의 take동사와
> 비슷하며, 뒤의 목적어에 따라
> 다양하게 해석된다.

❂ 3층 오른쪽 방입니다.

C'est au 3e étage à droite.

쎄 또 트후아지엠 에따쥬 아드후아드

à droite 오른쪽에

❂ 짐을 방까지 옮겨 주시겠어요?

Pouvez-vous apporter mes bagages dans ma chambre?

뿌베부 아뽀흐떼 메바갸쥬 덩마셩브흐

❂ 여기가 손님 방입니다.

C'est ici, votre chambre.

쎄띠씨, 보트흐 셩브흐

C'est ici. 여기입니다.

Unité 5 체크인 트러블

❄ 8시에 도착할 것 같습니다. (늦을 경우)

Je vais arriver à 8 heures.

쥬배아히베 아위때흐

❄ 다시 한 번 제 예약을 확인해 주십시오. (예약되어 있지 않을 때)

Vérifiez ma réservation, s'il vous plaît

베히피에 마헤제흐바씨옹, 씰부쁠래

❄ 방을 취소하지 않았습니다.

Je n'ai pas annulé ma réservation.

쥬내빠 자닐레 마헤제흐바씨옹

❄ 다른 호텔에 아직 빈방이 있는지 알아봐 드리겠습니다.

Je vais voir s'il y a encore une chambre libre dans un autre hôtel.

쥬배부아흐 씰리아 엉꼬흐 윈셩브흐 리브흐 덩쟁노트흐 오뗄

Unité 6 룸서비스

❄ 룸서비스를 부탁합니다.

Le service dans la chambre, s'il vous plaît.

르쎄흐비쓰 덩라셩브흐, 씰부쁠래

❄ 여기는 123호입니다.

C'est la chambre 123.

쎄라 셩브흐 썽뱅트후아

❄ 무엇을 도와드릴까요?

Puis-je vous aider?

쀠쥬 부재데

233

❄ 어느 정도 시간이 걸리나요?

Combien de temps faut-il?

꽁비앵 드떵 포띨

❄ 뜨거운 물을 주시겠어요?

Pouvez-vous m'apporter de l'eau, s'il vous plaît?

뿌베부 마뽀흐떼 들로, 씰부쁠래

❄ 누구십니까? (노크했을 때)

Qui est-ce?

끼에쓰

> 영어의 Who is this?와 동일한 표현이다.
> Qui est là?라고 할 수도 있다.

❄ 잠시 기다리세요.

Un moment, s'il vous plaît.

앵모멍, 씰부쁠래

❄ 들어오세요.

Entrez, s'il vous plaît.

엉트헤, 씰부쁠래

❄ 내일 아침 5시에 모닝콜을 부탁드립니다.

Pouvez-vous me réveiller demain matin à 5 heures?   réveiller 깨우다

뿌베부 므헤베이에 드맹마땡 아쌩꽤흐

Unité **7** 외출과 호텔 시설을 이용할 때

❄ 저한테 온 메시지가 있나요?

Avez-vous un message pour moi?

아베부 앵메싸쥬 뿌흐무아

❄ 오늘 밤 늦게 돌아올 예정입니다.

Je vais rentrer tard ce soir.

쥬배헝트헤 따흐 쓰쑤아흐

😊 음료자판기가 있나요?

Y a-t-il un distributeur automatique de boissons?

이아띨 앵디스트히뷔때흐 오또마띡 드부아쏭

boisson 음료

😊 식당은 어디에 있습니까?

Où est le restaurant?

우에 르헤스또헝

Où est~?는 '~이 어디에 있나요?' 라는 표현으로 패턴화 시켜 유용하게 활용할 수 있다.

😊 식당은 몇 시까지 합니까?

Le restaurant est ouvert jusqu'à quelle heure?

르헤스또헝 에뚜베흐 쥐스꺄 껠래흐

😊 이 호텔에 테니스코트는 있나요?

Y a-t-il une cour de tennis dans l'hôtel?

이아띨 윈꾸흐 드떼니쓰 덩로뗄

cour de tennis 테니스코트

😊 커피숍은 어디에 있나요?

Où est le café?

우에 르까페

😊 바는 언제까지 합니까?

Le bar est ouvert jusqu'à quelle heure?

르바흐 에뚜베흐 쥐스꺄 껠래흐

jusqu'à quelle heure 몇시까지

😊 어기에서 이 편지들을 부칠 수 있나요?

Puis-je envoyer ces lettres ici?

쀠쥬 엉부아예 쎄레트흐 이씨

😊 이메일을 체크하고 싶군요.

Je voudrais lire mes emails?

쥬부드해 리흐 메지멜

이메일은 프랑스어로 e-mail, mél, courriel 등으로 달리 표현할 수 있다.

😊 팩스는 있습니까?

Avez-vous un fax?

아베부 앵팍쓰

✿ 어기에서 관광 버스표를 살 수 있습니까?

Puis-je acheter un ticket de car touristique?

뷔쥬 아슈떼 앵띠께 드까흐 뚜히스띡

✿ 나중에 같이 계산하겠습니다.

Je vais payer après.

쥬배뻬이에 아프헤

✿ 열쇠가 잠겨 방에 들어갈 수 없습니다.

Je n'arrive pas à ouvrir la porte.

쥬나히브빠 아우브히흐 라뽀흐드

✿ 방에 열쇠를 둔 채 잠가 버렸어요.

J'ai laissé ma clé dans la chambre fermée.

줴래쎄 마끌레 덩라셩브흐 페흐메

✿ 방 번호를 잊어버렸어요.

J'ai oublié le numéro de ma chambre.

줴 우블리에 르뉘메호 드마셩브흐

✿ 옆방이 무척 시끄럽네요.

Il y a trop de bruit dans la chambre d'à côté.

일리아 트호드 브휘 덩라셩브흐 다꼬떼

> trop de~는 '너무, 지나치게 많은 ~'라는 뜻으로 부정적인 뉘앙스를 갖는다.

✿ 복도에 이상한 사람이 있습니다.

Il y a une personne bizarre dans le couloir.

일리아 윈뻬흐쏜 비자흐 덩르꿀루아흐

✿ 다른 방으로 바꿔 주시겠어요?

Pouvez-vous me changer de chambre?

뿌베부 므셩쉐 드셩브흐

✿ 사람 좀 올려 보내 주시겠어요?

Pouvez-vous m'envoyer quelqu'un?

뿌베부 멍부아예 껠껑

✿ 뜨거운 물이 나오지 않아요.

Il n'y a pas d'eau chaude.

인니아빠 도쇼드

eau chaude 따뜻한 물

✿ 지금 고쳐주시겠어요?

Pouvez-vous le réparer maintenant?

뿌베부 르헤빠헤 맹뜨넝

✿ 화장실 변기 물이 나오지 않네요.

La chasse d'eau ne marche pas.

라샤스도 느마흐슈빠

직역하면, '화장실의 수세장치가
작동되지 않습니다' 이다.

✿ 방이 아직 청소되지 않았군요.

La chambre n'est pas encore nettoyée.

라셩브흐 네빠정꼬흐 네뚜아예

✿ 미니바(방 냉장고)가 비어 있습니다.

Le mini-bar est vide.

르미니바흐 에비드

✿ 타월을 바꿔 주시겠어요?

Puis-je avoir des serviettes propres?

뷔쥬 아부아흐 데세흐비엣 프호프흐

직역하면, '제가 깨끗한 수건을
가질 수 있을까요?' 이다.

Unité 9 체크아웃을 준비할 때

✿ 체크아웃은 몇 시입니까?

Quelle est l'heure du check out?

껠레 뢔흐 뒤첵아웃

✿ 몇 시에 떠날 겁니까?

À quelle heure allez-vous quitter la chambre?

아껠뢔흐 알레부 끼떼 라셩브흐

✿ 하룻밤 더 묵고 싶은데요.

Je voudrais rester encore une nuit.

쥬부드해 헤스떼 엉꼬흐 윈뉘

✿ 하루 일찍 떠나고 싶은데요.

Je voudrais partir un jour plus tôt.

쥬부드해 빠흐띠흐 앵쥬흐 쁠뤼 또

 plus tôt 더 일찍

✿ 오후까지 방을 쓸 수 있나요?

Puis-je rester dans la chambre jusqu'à l'après-midi?

쀠쥬 헤스떼 덩라셩브흐 쥐쓰꺄 라프헤미디

✿ 오전 10시에 택시를 불러주세요.

Appelez-moi un taxi à 10 heures du matin, s'il vous plaît.

아쁠레무아 앵딱씨 아디쾌흐 뒤마땡, 씰부쁠래

Unité 10 체크아웃을 할 때

✿ 체크아웃을 하고 싶은데요.

Le check out, s'il vous plaît.

르첵아웃, 씰부쁠래

✿ 김 선생님이세요? 열쇠를 반납해 주십시오.

Monsieur Kim? Rendez-moi la clé, s'il vous plaît.

므씨외 김, 헝데무아 라끌레, 씰부쁠래

✿ 포터를 보내 주세요.

Un porteur, s'il vous plaît.

앵뽀흐뙈흐, 씰부쁠래

✿ 맡긴 귀중품을 꺼내 주세요.

Je voudrais reprendre mes objets de valeurs du coffre.

쥬부드해 흐프헝드흐 메조브줴 드발래흐 뒤꼬프흐

✿ 출발할 때까지 짐을 맡아주시겠어요?

Pouvez-vous garder mes bagages jusqu'à mon départ?

뿌베부 갸흐데 메바갸쥬 쥐쓰꺄 몽데빠흐

Unité **11** 계산을 할 때

✿ 방에 물건을 두고 나왔습니다.

J'ai laissé quelque chose dans la chambre.

줴래쎄 껠끄쇼즈 덩라셩브흐

✿ 계산을 부탁합니다.

La facture, s'il vous plaît.

라팍뛰흐, 씰부쁠래

facture 계산서

✿ 신용카드도 됩니까?

Acceptez-vous les cartes de crédit?

악쎕떼부 레까흐프 드크헤디

✿ 여행자수표도 받습니까?

Acceptez-vous les chèques de voyage?

악쎕떼부 레쉐끄 드부아야쥬

✿ 현금으로 지불하시겠습니까, 카드로 지불하시겠습니까?

Vous payez en espèces ou par carte?

부뻬이에 언네쓰뻬스 우 빠흐 까흐프

지불수단의 표현으로는 en espèces
(언네쓰뻬쓰) 현금으로, par carte
(빠흐 까흐프) 카드로, par chèque
(빠흐 쉐끄) 수표로 등이 있다.

✿ 전부 포함된 건가요?

Est-ce que tout est compris?

에쓰끄 뚜떼 꽁프히

Partie 06 | 요행과 출정에 관한 표현

239

✿ 계산이 틀린 것 같은데요.

Je pense qu'il y a une erreur dans la facture.

쥬뻥쓰 낄리아 원네홰흐 덩라팍뛰흐

✿ 고맙습니다. 즐겁게 보냈습니다.

Merci. J'ai passé un bon séjour.

멕씨. 줴빠세 앵봉쩨쥬흐

Chapitre **04** 식당을 이용할 때

프랑스의 레스토랑은 식사 시간에만 문을 엽니다. 고급 레스토랑에서 식사를 할 경우 예약을 하고, 복장에도 신경을 쓰는 것이 좋습니다. 비교적 저렴한 비스트로(bistrot)에는 자리가 있다면 예약 없이도 식사가 가능합니다. 식당 앞의 메뉴판을 보고 선택해서 들어갈 수 있습니다. 현지인들에게 인기 있는 레스토랑은 가격도 적당하고 맛있는 가게가 많습니다. 예약한 후 레스토랑에 도착하면 입구에서 이름을 말하고 안내를 기다립니다. 의자에 앉을 때는 여성이 안쪽으로 앉도록 합니다. 대부분의 식당은 금연입니다.

Unité **1** 식당을 찾을 때

❀ 어디에서 먹고 싶으세요?

Où voulez-vous manger?

우불레부 멍줴

❀ 이 근처에 맛있게 하는 음식점이 있나요?

Y a-t-il un bon restaurant près d'ici?

이아띨 앵봉 헤스또헝 프헤디씨

bon restaurant 좋은 식당, 맛있는 식당

❀ 이곳에 한국식당이 있나요?

Y a-t-il un restaurant coréen?

이아띨 앵헤스또헝 꼬헤앵

restaurant coréen 한국식당

❀ 가볍게 식사를 하고 싶은데요.

Je voudrais manger léger.

쥬부드해 멍줴 레줴

manger léger 가볍게 먹다

❀ 이 시간에 문을 연 식당이 있나요?

Y a-t-il un restaurant ouvert à cette heure-ci?

이아띨 앵 헤스또헝 우베흐 아세뙈흐씨

✿ 이 식당은 어디에 있나요? (책을 보이며)

Où est ce restaurant?

우에 쓰 헤스또헝

✿ 좋아하는 식당이라도 있으세요?

Avez-vous un restaurant préféré?

아베부 앵헤스또헝 프헤페헤

Unité 2 식당을 예약할 때

✿ 예약이 필요한가요?

Il faut réserver?

일포 헤제흐베

> 〈Il faut + 명사〉는 '~이 필요하다',
> 〈Il faut + 동사원형[절]〉은 '~해야
> 한다' 라는 뜻이다.

✿ 그 레스토랑을 예약해 주세요.

Réservez une table dans ce restaurant, s'il vous plaît.

헤제흐베 윈따블 덩쓰헤스또헝, 씰부쁠래

✿ 어기에서 예약할 수 있나요?

Puis-je réserver ici?

쀠쥬 헤제흐베 이씨

✿ 손님은 몇 분이십니까?

Pour combien de personnes?

뿌흐 꽁비앙 드 뻬흐쏜

> 직역하면, '몇 사람을
> 위한 것인가요?' 이다.

✿ 성함이 어떻게 되시죠?

Votre nom, s'il vous plaît.

보트흐 농, 씰부쁠래

✿ 거기는 어떻게 갑니까?

Comment je peux y aller?

꼬멍 쥬쀠 이알레

> y는 중성대명사로
> '그곳에' 라는 뜻이다.

✿ 몇 시가 좋으신가요?

Pour quelle heure?

뿌흐 껠래흐

✿ 모두 한 테이블로 해주세요.

Je voudrais avoir tous à la même table.

쥬부드해 아부아흐 뚜스 알라맴따블

même table 같은 테이블

✿ 금연(흡연)석으로 부탁합니다.

Je voudrais une table non-fumeur(fumeur).

쥬부드해 쥔따블 농퓌매흐(퓌매흐)

Unité 3 식당에 들어설 때

✿ 몇 분이세요?

Vous êtes combien?

부젯 꽁비앵

대답은 〈Nous sommes + 숫자〉
또는 〈On est + 숫자〉로 하면 된다.

✿ 예약은 하지 않았습니다.

Je n'ai pas réservé.

쥬내빠 헤제흐베

✿ 금연석으로 부탁합니다.

Une table non-fumeur, s'il vous plaît.

윈따블 농퓌매흐, 씰부쁠래

✿ 지금 자리가 다 찼는데요.

Tout est complet.

뚜떼 꽁쁠레

✿ 기다리셔야 합니다.

Il faut attendre.

일포 따떵드흐

attendre 기다리다

Unité 4 음식을 주문받을 때

☘ 무엇을 드릴까요?

Qu'est-ce que vous prenez?

께쓰끄 부프허네

☘ 고기는 얼마나 익혀드릴까요?

Comment voulez-vous votre steak?

꼬멍 불레부 보트흐 스테이크

☘ 마실 것은 무엇으로 하시겠어요?

Qu'est-ce que vous prenez comme boisson?

께쓰끄 부프허네 꼼부아쏭

> 식당에서 주문을 받는 질문은 Qu'est-ce que vous prenez?(뭘 드시겠어요?) 뒤에 comme boisson(음료로), comme plat(메인 디쉬로), comme dessert(디저트로), comme entrée(전식으로) 등을 첨가한 형태이다.

☘ 포도주 드실래요?

Voulez-vous du vin?

불레부 뒤뱅

☘ 메인으로는 뭘 드실까요?

Qu'est-ce que vous prenez comme plat?

께쓰끄 부프허네 꼼쁠라

☘ 디저트(전식)로 뭘 드릴까요?

Qu'est-ce que vous prenez comme dessert(entrée)?

께쓰끄 부프허네 꼼 데쩨흐(엉트헤)

Unité 5 음식을 주문할 때

☘ 메뉴 좀 보여주세요.

Puis-je avoir le menu?

쀠쥬 아부아흐 르므뉘

244

✿ 주문을 하고 싶은데요.

Puis-je commander?

쀠쥬 꼬멍데

✿ 이걸 먹겠습니다.

Je prends ça.

쥬프헝싸

ça는 우리말의 '이것'이나 '저것'이란
뜻의 중성지시대명사로, 메뉴판에서
손가락으로 가리키며 지시할 때 사용한다.

✿ 이것과 저것 주세요. (메뉴를 가리키며)

Ça et ça, s'il vous plaît.

싸에싸 씰부쁠래

✿ 무엇을 주문해야할지 모르겠어요.

Je ne sais pas quoi prendre.

쥬느쌔빠 꾸아 프헝드흐

✿ 무엇이 좋을지 추천해 주시겠어요?

Qu'est-ce que vous me conseillez?

께스끄 부므 꽁쎄이에

✿ 오늘의 요리가 무엇입니까?

Quel est le plat du jour?

껠레 르쁠라 뒤쥬흐

plat du jour(오늘의 요리)는 특히
점심에 직장인들을 위해 다량으로
만들어 저렴하게 판매하는 요리이다.

✿ 이곳의 전문 요리는 무엇입니까?

Quelle est votre spécialité?

껠레 보트흐 쓰뻬씨알리떼

spécialité 를 학생에게 물으면
전공이 무엇인지 묻는 표현이 된다.

✿ 여기는 뭐가 맛있나요?

Qu'est-ce qui est bon ici?

께스끼에 봉 이씨

✿ 이건 맛있나요?

Ceci est bon?

쓰씨 에봉

✿ 아직 선택하지 못했어요.

Je n'ai pas encore choisi.

쥬내빠 정꼬흐 슈아지

Unité **6** 먹는 법과 재료를 물을 때

✿ 이걸 먹는 법을 가르쳐 주세요?

Pouvez-vous me dire comment le manger?

뿌베부 므디흐 꼬멍 르멍줴

✿ 어떻게 먹는 건가요?

Comment ça se mange?

꼬멍 싸쓰멍쥬

✿ 이건 무슨 고기인가요?

C'est quelle viande?

쩨껠 비엉드

viande 고기

✿ 이것은 무엇으로 만든 겁니까?

Qu'est-ce qu'il y a dedans?

께쓰낄리아 드덩

직역하면, '이 안에 무엇이 있습니까?' 이다.

✿ 이 요리의 재료가 무엇입니까?

Quels sont les ingrédients de ce plat?

껠송 레쟁그헤디엉 드쓰쁠라

Unité **7** 필요한 것을 부탁할 때

✿ 빵을 좀 더 주시겠어요?

Je voudrais encore du pain.

쥬부드해 엉꼬흐 뒤빵

encore 또, 다시

✿ 디저트 메뉴가 있습니까?
Avez-vous la carte des desserts?
아베부 라꺄흐뜨 데데쩨흐

✿ 물 한 잔 주세요.
Je voudrais un verre d'eau.
쥬부드해 앵베흐도
un verre d'eau 물 한잔

✿ 소금 좀 갖다 주시겠어요?
Puis-je avoir du sel?
쀠쥬 아부아흐 뒤쩰
sel 소금

✿ 나이프(포크)를 떨어뜨렸습니다.
J'ai fait tomber mon couteau(ma fourchette) par terre.
쥐패똥베 몽꾸또(마푸흐쉣) 빠흐떼흐
par terre 땅바닥에

✿ ~을 추가로 부탁드립니다.
Je voudrais vous demander plus de~
쥬부드해 부드멍데 쁠뤼쓰 드~

| Unité | **8** | 주문에 문제가 있을 때 |

✿ 주문한 음식이 아직 안 나왔습니다.
Le plat n'est pas encore servi.
르쁠라 네빠정꼬흐 쎄흐비
servi 서빙된

✿ 아직 더 기다려야 하나요?
Il faut attendre encore plus?
일포 따떵드흐 엉꼬흐 쁠뤼쓰
encore plus 아직 더

✿ 주문에 문제가 있나요?
Est-ce qu'il y a un problème à ma commande?
에스낄리아 앵프호블램 아마 꼬멍드

✿ 서비스가 늦군요.

Le service est lent.

르쎄흐비쓰 에렁

✿ 이것은 주문하지 않았습니다.

Je n'ai pas commandé ceci.

쥬내빠 꼬멍데 쓰씨

Unité 9 음식에 문제가 있을 때

✿ 수프에 뭔가 들어있어요.

Il y a quelque chose dans la soupe.

일리아 껠끄쇼즈 덩라숩

✿ 제 음식에 이상한 것이 들어 있어요.

Il y a quelque chose de bizarre dans mon plat.

일리아 껠끄쇼즈 드비자흐 덩몽쁠라

✿ 다시 가져다주시겠어요?

Pouvez-vous me resservir?

뿌베부 므 흐쎄흐비흐

✿ 고기가 충분히 익지 않았습니다.

Cette viande n'est pas assez cuite.

쎗비엉드 네빠 자세 뀌뜨

> pas assez는 영어의 not enough와 같은 표현으로 '~이 충분치 않다'의 뜻이다.

✿ 고기를 좀 더 구워 주시겠어요?

Pouvez-vous cuire cette viande un peu plus?

뿌베부 뀌흐 쎗비엉드 앵쀠 블뤼쓰

✿ 이 우유 맛이 이상하네요.

Ce lait a un drôle de goût.

쏠래 아앵 드홀드구

> drôle은 명사 앞에서 '이상한'의 뜻으로, 명사 뒤에서는 '재미있는'의 뜻으로 사용된다.

✿ 이 음식이 상한 것 같아요.

Je crains que ce plat soit pourri.

쥬크행끄 쓰쁠라 수아뿌히

pourri 상한, 변질된

✿ 컵이 더러워요.

Le verre n'est pas propre.

르베흐 네빠 프흐프흐

propre 깨끗한

Unité **10** 주문을 바꾸거나 취소할 때

✿ 다른 것으로 바꿔주세요.

Changez de plat pour un autre, s'il vous plaît.

셩줴 드쁠라 뿌흐앤노트흐, 씰부쁠래

✿ 주문을 바꿔도 될까요?

Puis-je modifier ma commande?

쀠쥬 모디피에 마꼬멍드

✿ 주문을 취소하고 싶습니다.

Je voudrais annuler ma commande.

쥬부드해 아뉠레 마꼬멍드

Unité **11** 식사를 마칠 때

✿ 다른 것을 더 드시겠습니까?

Voulez-vous d'autres choses?

불레부 도트흐쇼즈

✿ 그밖에 다른 것은요?

Quoi d'autre?

꾸아 도트흐

✿ 치즈 좀 더 주시겠어요?

Je voudrais un peu plus de fromage.

쥬부드해 앵쀠쁠뤼 드프호마쥬

<un peu plus de + 명사>는 '명사 조금 더'의 뜻이다.

✿ 식탁 좀 치워주시겠어요?

Pouvez-vous débarrasser la table?

뿌베부 데바하세 라따블

✿ 테이블 위에 물 좀 닦아주세요.

Pouvez-vous essuyer la table?

뿌베부 에쉬예 라따블

essuyer는 '물기를 닦아주다'의 뜻이다. 대명동사로 쓰이면 '자신의 몸의 물기를 닦다'라는 뜻이 된다.

✿ 이 접시들 좀 치워 주시겠어요?

Débarrassez les plats de la table, s'il vous plaît.

데바하세 레쁠라 들라따블, 씰부쁠래

✿ 물 좀 더 주시겠어요?

Je voudrais de l'eau, s'il vous plaît.

쥬부드해 들로, 씰부쁠래

Unité 12 디저트를 주문할 때

✿ 디저트를 주세요.

Je voudrais un dessert.

쥬부드해 앵데쎄흐

✿ 디저트는 뭐가 있나요?

Qu'est-ce que vous avez comme dessert?

께쓰끄 부자베 꼼데쎄흐

✿ 지금 디저트를 주문하시겠어요?

Voulez-vous commander un dessert maintenant?

불레부 꼬멍데 앵데쎄흐 맹뜨넝

✿ 커피만 주세요.

Juste un café, s'il vous plaît.

쥐스뜨 앵까페, 씰부쁠래

✿ 디저트는 먹지 않겠어요.

Je ne prends pas de dessert.

쥬느프헝 빠드데쎄흐

> Je ne prends pas de~는 '~을 먹지
> 않다, ~을 마시지 않는다, ~을 사지
> 않다' 등으로 다양하게 활용된다.

Unité 13 식비를 계산할 때

✿ 계산서 부탁드립니다.

L'addition, s'il vous plaît.

라디씨옹, 씰부쁠래

✿ 지금 지불할까요?

Je paye maintenant?

쥬뻬이 맹뜨넝

maintenant 지금

✿ 각자 계산하기로 합시다.

On partage?

옹빠흐따쥬

✿ 이번에는 내가 사죠.

C'est mon tour cette fois.

쎄몽뚜흐 쎗푸아

> 직역하면, '이번은 제
> 차례예요'라는 뜻이다.

✿ 따로따로 지불합니다.

Chacun paie sa part.

샤껑 빼싸빠흐

part 몫, 분담

✿ 봉사료는 포함되어 있습니까?

Le service est compris?

르써흐비쓰 에꽁프히

✿ 청구서에 잘못된 것이 있습니다.
Il y a une erreur dans l'addition.
일리아 윈네홰흐 덩라디씨옹

✿ 이건 주문하지 않았습니다.
Je n'ai pas pris ceci.
쥬내빠 프히 쓰씨

Unité 14 패스트푸드점에서

✿ 이 근처에 패스트푸드점은 있습니까?
Y a-t-il un fast-food près d'ici?
이아띨 앵파스트푸드 프헤디씨

✿ 주문하시겠어요?
Qu'est-ce que vous voulez?
께스끄 부불레

✿ 2번 세트로 주세요.
Je voudrais le deuxième menu.
쥬부드해 르되지엠 므뉘

> menu는 식당의 '세트메뉴'나 '메뉴' 또는 '메뉴판'이라는 의미가 될 수 있다.

✿ 어느 사이즈로 하시겠어요?
Quelle taille voulez-vous?
껠따이으 불레부

✿ 마실 것은요?
Et de la boisson?
에들라부아쏭

✿ 어기에서 드실 건가요, 가지고 가실 건가요?
C'est sur place ou à emporter?
쎄 쉬흐쁠라쓰 우 아엉뽀흐떼

sur place 현장에서
à emporter 가져 갈

✿ 가지고 갈 거예요.

À emporter, s'il vous plaît.

아엉뽀흐떼, 씰부쁠래

✿ 이 자리에 앉아도 되겠습니까?

Puis-je me mettre ici?

뿨쥬 므메트흐 이씨

> se mettre는 대명동사로 '~에 자리잡다, ~에 앉다'라는 뜻이다.

Chapitre **05** 관광을 할 때

관광 안내소(office de tourisme)의 표시는 ⓘ로 되어 있으며, 무료 시내지도, 지하철, 버스 노선도 등이 구비되어 있습니다. 미술관이나 박물관은 휴관일을 확인하고 나서 스케줄을 잡아야 합니다. 요일에 따라서 개관을 연장하거나 할인요금이나 입장료가 달라지는 곳도 있으므로 가이드북을 보고 확인합니다. 교회나 성당은 관광지이기 전에 종교상의 신성한 건물입니다. 들어갈 때 정숙하지 못한 복장이나 소란은 삼가야 합니다.

Unité **1** 관광 안내소에서

✿ 관광 안내소가 어디에 있나요?
Où est l'office de tourisme?
우에 로피쓰 드뚜히슴

✿ 안녕하세요. 무엇을 도와드릴까요?
Bonjour. Je peux vous aider?
봉쥬흐. 쥬쁴 부재데

✿ 이 도시에 대한 정보를 얻고 싶습니다.
Je voudrais des informations sur la ville.
쥬부드해 데쟁포흐마씨옹 쮜흐라빌

sur la ville 도시에 관한

✿ 관광 안내책자를 하나 주시겠어요?
Je voudrais un dépliant touristique.
쥬부두해 앵데쁠리엉 뚜히스띡

dépliant touristique 관광안내 책자

✿ 시내지도 있습니까?
Avez-vous un plan de la ville?
아베부 앵쁠렁 들라빌

254

✿ 지하철 노선도 좀 주시겠어요?

Je voudrais un plan de métro.

쥬부드해 앵쁠렁 드메트호

✿ 볼 만한 것이 무엇이 있습니까?

Qu'est-ce qu'il y a à voir?

께스낄리아 아부아흐

✿ 당일치기로 어디에 갈 수 있습니까?

Où puis-je aller pour un jour?

우쀠쥬 알레 뿌흐앵쥬흐

pour un jour 당일치기

✿ 젊은이들을 위한 곳은 어디입니까?

Où est le quartier pour les jeunes?

우에 르꺄흐띠에 뿌흐레쟨

les jeunes처럼 형용사 앞에
관사가 붙으면 명사로 사용된다.
ex) les misérables 불쌍한 사람들,
les riches 부자들

✿ 어기에서 표를 살 수 있습니까?

Puis-je acheter des tickets ici?

쀠쥬 아슈떼 데띠께 이씨

✿ 할인 티켓이 있습니까?

Avez-vous des tickets de tarif réduit?

아베부 데띠게 드따히프헤뒤

tarif réduit는 할인요금, plein
tarif은 일반요금이다.

✿ 지금 축제는 하고 있나요?

Y a-t-il des festivals en ce moment?

이아띨 데페스띠발 엉쓰모멍

✿ 벼룩시장은 어디인가요?

Où est le marché aux Puces?

우에 르마흐쉐 오쀠쓰

marché aux Puces 벼룩시장

✿ 걸어서 갈 수 있나요?

Puis-je y aller à pied?

쀠쥬 이알레 아삐에

à pied 걸어서

✿ 10분 거리에 있습니다.
C'est à 10 minutes.
쎄따 디미뉘뜨

<C'est à + 시간 [거리]>는
'얼마의 시간이나 거리가 떨어진
곳에 위치해 있다'는 표현이다.

Unité 2 투어를 이용할 때

✿ 어떤 관광 프로그램이 있습니까?
Quels programmes touristiques avez-vous?
껠프호그람 뚜히스띡 아베부

✿ 관광버스 투어는 있습니까?
Y a-t-il un tour en car?
이아띨 앵뚜흐 엉까흐

tour 투어
en car 관광버스로

✿ 투어는 매일 있나요?
Avez-vous les tours tous les jours?
아베부 레뚜흐 뚤레주흐

tous les jours 매일

✿ 오전 코스가 있나요?
Y a-t-il un tour du matin?
이아띨 앵뚜흐 뒤마땡

tour가 남성명사로 쓰이면 '투어,
여행'의 뜻이다. tour du matin은
'오전 투어, 아침 투어', tour du
soir는 '저녁 [야간] 투어'이다.

✿ 야간관광은 있나요?
Y a-t-il un tour du soir?
이아띨 앵뚜흐 뒤쑤아흐

✿ 투어는 몇 시간 걸립니까?
Le tour dure combien de temps?
르뚜흐 뒤흐 꽁비앵 드떵

✿ 식사는 나오나요?
Le repas est inclus?
르흐빠 에 앵끌뤼

repas 식사

256

✿ 몇 시에 출발합니까?

Il part à quelle heure?

일빠흐 아껠뢔흐

✿ 어디에서 출발합니까?

Il part (d')où?

일빠흐 우

> 문법적으로는 '~로부터'라는 뜻의 전치사 de가 있어야 하지만, 프랑스 사람들은 전치사 없이 오용하여 많이 사용한다.

✿ 몇 시에 돌아옵니까?

Il retourne à quelle heure?

일 흐뚜흔 아껠뢔흐

✿ 한국어 가이드는 있나요?

Avez-vous un guide en coréen?

아베부 앵기드 엉꼬헤앵

✿ 한 명당 비용은 얼마인가요?

Quel est le prix par personne?

껠레 르프히 빠흐 뻬흐쏜

par personne 일인당

✿ 학생 할인이 있나요?

Avez-vous une réduction pour étudiant?

아베부 윈헤뒥씨옹 뿌흐에뛰디엉

réduction 할인

Unité 3 관광 버스 안에서

✿ 지금 어디로 가고 있습니까?

Où allons-nous?

우알롱누

✿ 저것은 무엇입니까?

Qu'est-ce que c'est?

게쓰끄쎄

🌀 저것은 무슨 강인가요?

Quel est le nom de cette rivière?

껠레 르농드 쎗히비에흐

Quel est le nom de~
~의 이름은 무엇입니까?

🌀 저것은 무슨 산인가요?

Quel est le nom de cette montagne?

껠레 르농 드쎗 몽따뉴

🌀 차 안에 화장실이 있나요?

Y a-t-il des toilettes dans le car?

이아띨 데뚜알렛 덩르까흐

🌀 어기에서 얼마나 머무나요?

Combien de temps restons-nous ici?

꽁비앙 드떵 헤스똥누 이씨

🌀 시간은 어느 정도 남아있나요?

Il nous reste combien de temps?

일누 헤스프 꽁비앙 드떵

🌀 몇 시에 버스로 돌아오면 됩니까?

Il faut revenir (jusqu') à quelle heure?

일포 흐브니흐 (쥐스끄) 아 껠뢔흐

Unité 4 입장료를 구입할 때

🌀 티켓은 어디에서 삽니까?

Où puis-je acheter les tickets?

우쀠쥬 아슈떼 레띠께

acheter 사다

🌀 입장료는 유료인가요?

Il faut payer l'entrée?

일포 뻬이에 렁트헤

직역하면, '입장(료)를
지불해야 하나요?' 이다.

입장료는 얼마예요?
Quel est le prix d'entrée?
껠레 르프히 덩트헤

prix d'entrée 입장료

어른 2장 주세요.
Deux adultes, s'il vous plaît.
되자뒬뜨, 씰부쁠래

학생 1장 주세요.
Un étudiant, s'il vous plaît.
앤네뛰디엉, 씰부쁠래

단체 할은은 해주나요?
Y a-t-il une réduction pour groupe?
이아띨 윈헤딕씨옹 뿌흐 그흅

직역하면, '그룹 할인은 있나요?' 이다.

Unité 5 관광지에서

정말 아름다운 경치군요!
Quelle belle vue!
껠벨뷔

quelle이라는 의문형용사가 감탄형용사로 사용된 형태이다.

참 멋집니다!
Que c'est beau!
끄쎄보

Que가 이끄는 감탄문이다.

저 동상은 뭐죠?
Quelle est cette statue?
껠레 쎗쓰따뛰

statue 동상

저게 무엇입니까?
Qu'est-ce que c'est?
께쓰끄쎄

✿ 저게 뭔지 아세요?

Vous savez ce que c'est?

부쌰베 쓰끄쎄

✿ 저 건물은 뭔가요?

Quel est cet immeuble?

껠레 쎄티뫼블

✿ 언제 세워졌나요?

Quand est-il construit?

껑 에띨 꽁스트휘

✿ 퍼레이드는 언제 있나요?

À quelle heure est le défilé?

아껠뢔흐 에 르데필레

défilé 퍼레이드

✿ 화장실은 어디에 있습니까?

Où sont les toilettes?

우쫑 레뚜알렛

화장실(les toilettes)은 복수를
사용한다. 단수로 쓰면 '몸단장,
세면, 세수'의 뜻이다.

Unité 6 관람을 할 때

✿ 이 티켓으로 모든 전시를 볼 수 있나요?

Puis-je voir toutes les expositions avec ce ticket?

쀠쥬 부아흐 뚯레젝쓰뽀지씨옹 아벡쓰띠께

✿ 무료 팸플릿은 있습니까?

Avez-vous une brochure gratuite?

아베부 윈브호쉬흐 그하뛰드

gratuit(e) 공짜, 무료

✿ 짐을 맡아 주세요.

Puis-je laisser mes bagages ici?

쀠쥬 래세 메바갸쥬 이씨

😊 안내할 가이드가 있나요?

Y a-t-il un guide?

이아띨 앵기드

😊 그 박물관은 오늘 여나요?

Le musée ouvre aujourd'hui?

르뮈제 우브흐 오주흐뒤

😊 아동할인이 있나요?

Avez-vous une réduction pour enfant?

아베부 윈헤뒥씨옹 뿌흐엉펑

😊 재입관할 수 있습니까?

Puis-je rentrer avec le même ticket?

뷔쥬 헝트헤 아벡 르맴띠께

rentrer 다시 들어오다

😊 오늘 밤에는 무엇을 상영하나요?

Quel film est à l'affiche ce soir?

껠필름 에따 라피슈 쓰쑤아흐

😊 오늘 표는 아직 있나요?

Y a-t-il encore des tickets pour aujourd'hui?

이아띨 엉꼬흐 데띠께 뿌흐 오주흐뒤

😊 몇 시에 시작하나요?

Ça commence à quelle heure?

싸꼬멍쓰 아껠뢔흐

commencer 시작하다

😊 좋은 자리를 주세요.

Je voudrais une bonne place.

쥬부드해 윈본쁠라쓰

😊 둘이서 나란히 앉을 수 있나요?

On peut s'asseoir côte à côte?

옹쀠 싸수아흐 꼬따꼿

côte à côte 나란히

☀ 환불받을 수 있나요?

Pouvez-vous rembourser?

뿌베부 헝부흐쎄

rembourser 환불하다

☀ 여기에서 사진을 찍어도 됩니까?

Puis-je prendre des photos ici?

뿨쥬 프헝드흐 데포또 이씨

> '사진을 찍다'라는 프랑스어
> 표현은 prendre des photos나 faire
> des photos가 있다.

☀ 어기에서 플래시를 터트려도 되나요?

Puis-je utiliser un flash?

뿨쥬 위띨리제 앵플라슈

☀ 비디오 촬영을 해도 되나요?

Puis-je prendre une vidéo?

뿨쥬 프헝드흐 윈비데오

☀ 당신 사진을 찍어도 되나요?

Puis-je vous prendre en photo?

뿨쥬 부프헝드흐 엉포또

☀ 함께 사진을 찍으시겠어요?

Voulez-vous prendre une photo avec moi?

불레부 프헝드흐 윈포또 아벡무아

☀ 제 사진을 찍어 주시겠어요?

Pouvez-vous me prendre en photo?

뿌베부 므프헝드흐 엉포또

262

✿ 저희들 사진 좀 찍어 주시겠어요?

Pouvez-vous nous prendre en photo?

뿌베부 누프헝드흐 엉포또

✿ 한 장 더 부탁합니다.

Encore une, s'il vous plaît.

엉꼬흐 윈, 씰부쁠래

✿ 나중에 사진을 보내드릴게요.

Je vais vous envoyer les photos.

쥬배부 정부아예 레포또

envoyer 보내다

✿ 주소를 여기에 적어 주시겠어요?

Pouvez-vous me laisser votre adresse ici?

뿌베부 므래쎄 보트흐아드헤쓰 이씨

Unité **9**	사진 출력을 부탁할 때

✿ 건전지는 어디에서 살 수 있나요?

Où puis-je acheter une pile?

우쀠쥬 아슈떼 윈삘

✿ 이 사진들을 출력해 주실 수 있으세요?

Pouvez-vous imprimer ces photos?

뿌베부 앵프히메 세포또

imprimer 출력하다, 인쇄하다

✿ 사진을 수정할 수 있나요?

Pouvez-vous modifier les photos?

뿌베부 모디피에 레포또

modifier 수정하다

✿ 사진을 업로드 하고 싶습니다.

Je voudrais télécharger les photos.

쥬부드해 뗄레샤흐쒜 레포또

> télécharger는 프랑스어로 '업로드'나 '다운로드'의 의미로 사용된다.

263

Chapitre 06 쇼핑을 할 때

프랑스의 정기세일은 1월과 7월 두 번입니다. 각종 세일이 연간 지속되는 우리나라와는 달리 프랑스는 정기세일 기간 이외의 세일은 없다고 생각하시는 것이 좋습니다. 물론 외국인들을 위한 면세점 할인은 상시 받을 수 있습니다. 상점에 들어가실 때는 Bonjour라고 인사를 해보세요. 먼저 와서 말을 거는 일은 드물지만, Vous désirez~?(뭘 찾으세요?) 등 말을 건넨다면 원하는 것을 말하거나, Je regarde seulement(그냥 구경하는 거예요)라고 대답합니다.

Unité 1 쇼핑 센터를 찾을 때

❁ **쇼핑 센터는 어디에 있나요?**

Où est le centre commercial?
우에 르썽트흐 꼬메흐씨알

centre commercial 쇼핑센터

❁ **이 도시의 쇼핑가는 어디인가요?**

Où est le quartier commerçant dans cette ville?
우에 르까흐띠에 꼬메흐썽 덩쩻빌

❁ **쇼핑 가이드는 있나요?**

Avez-vous un guide shopping?
아베부 앵기드쇼핑

❁ **선물은 어디에서 살 수 있나요?**

Où puis-je acheter des cadeaux?
우쀠쥬 아슈떼 데꺄도

cadeau(x) 선물

❁ **면세점은 있나요?**

Y a-t-il des magasins hors taxes?
이아띨 데마가쟁 오흐딱쓰

hors taxe 면세

✿ 실례합니다. 백화점은 어디 있나요?

Excusez-moi. Où sont les grands magasins?

엑스뀌제무아. 우쏭 레그헝 마가쟁

grand magasin 백화점

✿ 편의점을 찾고 있어요.

Je cherche une épicerie.

쥬 쉐흐슈 윈네삐쓰히

> 프랑스에는 편의점이 없어서 가장 비슷한 단어인 épicerie(식료품 가게)를 사용하면 된다.

✿ 세일이 있나요?

Y a-t-il des soldes?

이아띨 데쏠드

soldes 세일

Unité 2 매장을 찾을 때

✿ 매장 안내소는 어디입니까?

Où est le kiosque d'information?

우에 르끼오스끄 댕포흐마씨옹

✿ 장난감 가게는 어디인가요?

Où est le magasin de jouets?

우에 르마가쟁 드주에

> le magasin de~는 '~가게'란 뜻이 된다.

✿ 남성복은 몇 층인가요?

À quel étage sont les vêtements d'homme?

아껠에따쥬 쏭 레베뜨멍 돔

à quel étage 몇층에

✿ 가장 가까운 식료품점은 어디에 있나요?

Où est l'épicerie le plus proche?

우에 레삐쓰히 르쁠뤼 프호슈

le plus proche 가장 가까운

✿ 세일은 어디에서 하고 있나요?

Où sont les magasins en soldes?

우쏭 레마가쟁 엉쏠드

en soldes 세일 중인

Unité 3 가게로 가고자 할 때

☺ 그건 어디에서 살 수 있나요?

Où puis-je l'acheter?

우쀠쥬 라슈떼

☺ 몇 시에 문을 엽니까?

Il ouvre à quelle heure?

일우브흐 아껠래흐

ouvrir 열다

☺ 몇 시에 문을 닫습니까?

Il ferme à quelle heure?

일페흐므 아껠래흐

fermer 닫다

☺ 영업시간이 몇 시부터 몇 시까지인가요?

Il est ouvert de quelle heure à quelle heure?

일레뚜베흐 드껠래흐 아껠래흐

Unité 4 가게에 들어서서

☺ 무엇을 도와드릴까요?

Qu'est-ce que je peux faire pour vous?

께쓰끄 쥬쀠 패흐 뿌흐부

☺ 무엇을 찾으십니까?

Vous désirez?

부데지헤

☺ 필요한 것이 있으면 말씀하십시오.

Si vous avez besoin de quelque chose, n'hésitez pas à me dire.

씨부자베 브주앵 드껠끄쇼즈, 네지떼빠 아므디흐

Unité 5 물건을 찾을 때

✿ 여기 잠깐 봐 주시겠어요?
S'il vous plaît?
씰부쁠래.

✿ 블라우스를 찾고 있습니다.
Je cherche un chemisier.
쥬쉐흐슈 앵 슈미지에

> Je cherche~하면 '~을 찾고 있습니다'라는 뜻으로 유용하게 사용할 수 있다.

✿ 운동화를 사고 싶은데요.
Je voudrais des baskets.
쥬부드해 데바스께뜨

✿ 아내에게 선물할 것을 찾고 있어요.
Je cherche quelque chose pour ma femme.
쥬쉐흐슈 껠끄쇼즈 뿌흐마팜

✿ 캐주얼한 것을 찾고 있어요.
Je voudrais quelque chose de simple.
쥬부드해 껠끄쇼즈 드쌩쁠

✿ 선물로 적당한 것은 없습니까?
Qu'est-ce que vous me conseillez comme cadeau?
께스끄 부므꽁쎄이에 꼼꺄도

✿ 면으로 된 것이 필요해요?
Je voudrais quelque chose en coton?
쥬부드해 껠끄쇼즈 엉꼬똥

> en coton 면으로 된

✿ 이것과 같은 것은 있나요?
Avez-vous quelque chose comme ceci?
아베부 껠끄쇼즈 꼼쓰씨

Unité 6 물건을 보고 싶을 때

⚙ 다른 것을 보여 주시겠어요?

Pouvez-vous me montrer un autre?

뿌베부 므몽트헤 앤노트흐

> 다른 것이 남성 명사면 un autre
> [앤노트흐] 여성명사면 une autre
> [윈노트흐]로 사용 가능하다.

⚙ 잠깐 다른 것을 보고 올게요.

Je vais voir ailleurs.

쥬배부아흐 아이왜흐

ailleurs 다른 곳

⚙ 이 물건 있나요?

Avez-vous ceci en stock?

아베부 쓰씨 엉스똑

en stock 재고

⚙ 저희 상품들을 보여드릴까요?

Puis-je vous montrer mes produits?

쀠쥬 부몽트헤 메프호뒤

⚙ 마음에 드는 게 없군요.

Rien ne me plaît.

히앵 느므쁠래

⚙ 그런 상품은 취급하지 않습니다.

Nous n'avons pas de produits de ce genre.

누나봉빠 드프호뒤 드쓰정흐

⚙ 즉시 갖다 드리겠습니다.

Je vous apporte tout de suite.

쥬부자뽀흐프 뚜드쉿

tout de suite 즉시, 당장

⚙ 어떤 상표를 원하십니까?

Quelle marque voulez-vous?

껠마흐끄 불레부

Unité **7** 색상을 고를 때

● 무슨 색이 있습니까?
Quelle couleur avez-vous?
껠꿀래흐 아베부

couleur 색깔

● 너무 화려(수수)하군요.
C'est trop voyant(simple).
쩨트흐 부아영(쌩쁠)

> voyant은 '눈에 띄는, 화려한'이란 뜻이고, simple은 '단순한, 수수한' 이란 의미이다.

● 더 밝은 것은 있습니까?
Avez-vous un autre plus clair?
아베부 앤노트흐 쁠뤼 끌래흐

● 이 색은 좋아하지 않습니다.
Je n'aime pas cette couleur.
쥬냄빠 쩻꿀래흐

● 짙은 파란색으로 된 것을 좀 볼 수 있을까요?
Puis-je voir un autre bleu foncé?
쀠쥬 부아흐 앤노트흐 블뤼퐁쎄

bleu foncé 짙은 파란색

● 무늬가 없는 것은 없습니까?
Vous n'avez pas un autre sans motif?
부나베빠 쟨노트흐 썽모띠프

sans motif 무늬 없는

● 빨간 색의 것을 찾고 있어요.
Je cherche quelque chose en rouge.
쥬쉐흐슈 껠끄쇼즈 엉후쥬

● 노란색으로 된 것이 있나요?
Avez-vous ceci en jaune?
아베부 쓰씨 엉죤

- 어떤 디자인이 유행하나요?

  Quel style est à la mode?

  껠스띨 에딸라모드

  à la mode 유행인

- 이런 디자인은 좋아하지 않아요.

  Je n'aime pas ce modèle.

  쥬냄빠 쓰모델

  modèle 모델, 디자인

- 다른 디자인은 있습니까?

  Avez-vous un autre modèle?

  아베부 앤노트흐 모델

- 디자인이 비슷한 것이 있으세요?

  Avez-vous un autre du style semblable?

  아베부 앤노트흐 뒤스띨 썽블라블

  semblable 유사한, 비슷한

- 어떤 사이즈를 찾으십니까?

  Quelle taille voulez-vous?

  껠따이으 불레부

- 사이즈는 이것뿐입니까?

  Vous n'avez pas d'autre taille?

  부나베빠 도트흐 따이으

- 제 사이즈를 모르겠어요.

  Je ne connais pas ma taille.

  쥬느꼬내빠 마따이으

✿ 사이즈를 재주시겠어요?

Pouvez-vous me mesurer?

뿌베부 므므쥐헤

mesurer 치수를 재다

✿ 더 큰 것은 있나요?

Avez-vous un autre plus grand?

아베부 앤노트흐 쁠뤼 그헝

✿ 더 작은 것은 있나요?

Avez-vous un autre plus petit?

아베부 앤노트흐 쁠뤼 쁘띠

Unité 10 사이즈가 맞지 않을 때

✿ 이 재킷은 제게 맞지 않습니다.

Ce veston ne me va pas.

쓰베스똥 느므바빠

veston 재킷, 잠바

✿ 조금 큰 것 같군요.

C'est un peu grand pour moi.

쎄 앵쁴 그헝 뿌흐무아

✿ 너무 커요.

C'est trop grand.

쎄 트흐그헝

✿ 제게 너무 작아요.

C'est trop petit pour moi.

쎄 트흐 쁘띠 뿌흐무아

✿ 너무 꽉 끼네요.

C'est trop serré.

쎄 트흐 쎄헤

serré 꽉 끼는

✿ 너무 넓어요.

C'est trop large.

쎄 트호 라흐쥬

large 넓은

✿ 너무 길어요(짧습니다).

C'est trop long(court).

쎄 트호 롱(꾸흐)

long 긴
court 짧은

Unité 11 품질을 물을 때

✿ 재질은 무엇입니까?

En quoi est-il?

엉꾸아 에띨

en quoi는 '무엇으로 되어
있는'이라는 뜻으로 être동사와
함께 재질을 물을 때 사용한다.

✿ 미국 제품입니까?

C'est fabriqué aux États-Unis?

쎄파브히께 오제따쥐니

직역하면, '이것은 미국에서
제조한 것입니까?'의 뜻이다.

✿ 질은 괜찮습니까?

Est-ce de bonne qualité?

에쓰 드본꺌리떼

✿ 이건 실크 100%입니까?

Est-ce en 100 % soie?

에쓰 썽뿌흐썽 수아

✿ 이건 수제품입니까?

Est-ce fabriqué à la main?

에쓰 파브히께 알라맹

à la main 손으로, 수제

✿ 이건 무슨 향입니까?

Est-ce de quel parfum?

에쓰 드껠 빠흐팽

272

Unité 12 물건 값을 흥정할 때

☘ 너무 비쌉니다.

C'est trop cher.

쎄트호 쉐흐

☘ 깎아 주시겠어요?

Pouvez-vous me faire une réduction?

뿌베부 므패흐 윈헤뒥씨옹

faire une réduction 할인하다

☘ 더 싼 것은 없습니까?

Vous n'avez pas un autre moins cher?

부나베빠 잰노트흐 무앙 쉐흐

moins cher 덜 비싼

☘ 더 싸게 해 주실래요?

Pouvez-vous baisser le prix?

뿌베부 배쎄 르프히

baisser le prix 가격을 내리다

☘ 깍아주면 살게요.

Je vais le prendre, si vous faites une réduction.

쥬배 르프헝드흐, 씨부팻 윈헤뒥씨옹

☘ 현금으로 지불하면 더 싸게 됩니까?

Si je paye en espèces, ça serait moins cher?

씨 쥬빼이 엉네스뻬스, 싸 쓰해 무앙 쉐흐

ça serait는 조건법을 사용해 '가정'을 표현한 것이다.

☘ 30유로로 안 되겠습니까?

30 euros, ça va?

트헝뜨 왜호, 싸바

☘ 제가 생각한 것보다 비싸군요.

C'est plus cher que je pensais.

쎄쁠뤼 세흐 끄 쥬뼝쌔

Partie 06 | 여행과 출장에 관한 표현

Unité 13 값을 물을 때

⚙ 이건 얼마입니까?

C'est combien?

쎄 꽁비앵

⚙ 하나에 얼마입니까?

C'est combien la pièce?

쎄 꽁비앵 라삐에쓰

pièce 개당

⚙ 전부해서 얼마나 됩니까?

Ça fait combien en tout?

싸패 꽁비앵 엉뚜

Ça fait~는 '(총합이) 얼마' 라는 뜻이 내포되어 있다.

⚙ 세금이 포함된 가격입니까?

La taxe est comprise?

라딱쓰 에 꽁프히즈

Unité 14 지불 방법을 결정할 때

⚙ 어떻게 계산하시겠어요?

Vous payez comment?

부뻬이예 꼬멍

⚙ 카드도 되나요?

Vous acceptez les cartes?

부작쎕떼 레까흐뜨

⚙ 신용카드로 계산할게요.

Je paye par carte.

쥬빼이 빠흐까흐뜨

Unité **15** 구입 결정과 계산을 할 때

✿ 이걸로 하겠습니다.

Je prends ça.

쥬프헝 싸

✿ 계산대가 어딥니까?

Où est la caisse?

우에 라깨쓰

caisse 계산대

✿ 어디에서 계산하나요?

Où puis-je payer?

우 뿨쥬 빼이에

✿ 이것도 좀 계산해 주시겠어요?

Pouvez-vous ajouter ça aussi?

뿌베부 아쥬떼 싸 오씨

ajouter 첨가하다, 더하다

✿ 잔돈 있으세요?

Vous avez de la monnaie?

부자베 들라 모내

monnaie 잔돈, 거스름돈

✿ 잔돈이 충분치 않습니다.

Je n'ai pas assez de monnaie.

쥬내빠 자쎄 드모내

✿ 영수증을 끊어주세요.

Pouvez-vous me faire une facture?

뿌베부 므패흐 윈팍뛰흐

facture는 세부적인 사항이 기록되어 있는 영수증(명세서)을 의미하고, reçu는 받았다는 증명으로서의 영수증이다.

✿ 영수증 여기 있습니다.

Voilà votre reçu.

부알라 보트흐 흐쮜

Unité **16**   포장을 원할 때

💠 봉지를 주시겠어요?

Pouvez-vous me donner un sac?

뿌베부 므도네 앵싹

💠 이걸 선물용으로 포장해 주시겠어요?

Pouvez-vous me faire un paquet cadeau?   faire un paquet de cadeau 선물포장하다

뿌베부 므패흐 앵빠께 꺄도

💠 따로따로 포장해 주세요.

Pouvez-vous les emballer séparément?

뿌베부 레정발레 쎄빠헤멍

💠 이거 넣을 박스 좀 얻을 수 있을까요?

Puis-je avoir une boîte pour mettre ceci?   boîte 상자, 박스

뷔쥬 아부아흐 윈부아뜨 푸흐 메트흐 쓰씨

💠 이것을 포장할 수 있나요? 우편으로 보내고 싶은데요.

Puis-je emballer ceci? Je voudrais l'envoyer par la poste.

뷔쥬 엉발레 쓰씨, 쥬부드해 렁부아예 빠흐라뽀쓰뜨

Unité **17**   배달을 원할 때

💠 이걸 ○○호텔까지 가져다주시겠어요?

Pouvez-vous l'apporter à l'hôtel ○○?

뿌뻬부 라뽀흐떼 아로뗄 ○○

💠 언제 배달해주시겠어요?

Quand va-t-il arriver?

껑바띨 아히베

276

✿ 별도로 요금이 듭니까?

Je dois payer (de)plus?

쥬두아 빼이에 (드)쁠뤼쓰

✿ 이 카드와 함께 보내주세요.

Envoyez-le avec cette carte, s'il vous plaît.

엉부아예르 아벡 쎗꺄흐뜨, 씰부쁠래

✿ 이 주소로 보내주세요.

Envoyez-le à cette adresse, s'il vous plaît.

엉부아예르 아쎄따드헤쓰, 씰부쁠래

Unité **18** 배송을 원할 때

✿ 이곳에서 한국으로 발송해주시겠어요?

Pouvez-vous l'envoyer en Corée d'ici?

뿌베부 렁부아예 엉꼬헤 디씨

✿ 한국 제 주소로 보내주시겠어요?

Pouvez-vous l'envoyer à mon adresse en Corée?

뿌베부 렁부아예 아몬나드헤쓰 엉꼬헤

✿ 항공편(배편)으로 부탁합니다.

Par avion(par bateau), s'il vous plaît.

빠흐 아비옹(빠흐 바또), 씰부쁠래

✿ 한국까지 항공편으로 며칠 정도 걸리나요?

Combien de temps faut-il pour arriver en Corée par avion?

꽁비앵 드떵 포띨 뿌흐아히베 엉꼬헤 빠흐아비옹

✿ 항공편으로 얼마나 드나요?

Ça coûte combien par avion?

싸꿋 꽁비앵 빠흐아비옹

😊 이걸 교환해주시겠어요?

Pouvez-vous échanger ça?

뿌베부 에셩줴 싸

échanger 교환하다

😊 다른 것으로 바꿔주세요.

Je voudrais changer ceci pour un autre.

쥬부드해 셩줴 쓰씨 뿌흐 앤노트흐

😊 깨져 있습니다.

C'est cassé.

쎄꺄쎄

😊 찢어져 있습니다.

C'est déchiré.

쎄 데쉬헤

😊 사이즈가 안 맞아요.

La taille ne me convient pas.

라따이으 느므꽁비앙 빠

😊 여기에 얼룩이 있군요.

Il y a une tache ici.

일리아 윈따슈 이씨

tache 얼룩

😊 망가졌네요, 언제 사신 겁니까?

C'était cassé, quand l'avez-vous acheté?

쎄때 까쎄, 껑 라베부 아슈떼

😊 불량품인 것 같은데요.

Je pense que c'est un article défectueux.

쥬뻥쓰끄 세땡나흐띠끌 데팩뛰외

article 제품, 품목

278

Unité **20** 반품·환불을 원할 때

☘ 반품하고 싶습니다.
   Je voudrais rendre ce produit.
   쥬부드해 헝드흐 쓰프호뒤

   rendre 돌려주다, 반환하다

☘ 어디로 가면 됩니까?
   Où dois-je aller?
   우두아쥬 알레

☘ 아직 쓰지 않았습니다.
   Je ne l'ai pas encore utilisé.
   쥬느래빠 엉꼬흐 위띨리제

   utiliser 사용하다

☘ 마음이 바뀌었습니다.
   J'ai changé d'avis.
   줴 셩줴 다비

   avis 의견

☘ 영수증 여기 있습니다.
   Voilà le reçu.
   부알라 르흐쮜

☘ 어제 샀습니다.
   Je l'ai acheté hier.
   쥬래 아슈떼 이에흐

☘ 환불해주시겠어요?
   Pouvez-vous le rembourser?
   뿌베부 르헝부흐쩨

☘ 수리해주던지 환불해주시겠어요?
   Réparez-le ou remboursez-le, s'il vous plaît.
   헤빠헤르 우 헝브흐쩨르, 씰부쁠래

   réparer 수선하다, 수리하다

Unité 21 면세점에서

✿ 면세점은 어디에 있습니까?

Où est le magasin hors taxe?

우에 르마가쟁 오흐딱쓰

✿ 얼마까지 면세가 됩니까?

Jusqu'à combien puis-je avoir la détaxe?

쥐쓰꺄 꽁비앵 쀠쥬 아부아흐 라데딱쓰

✿ 어느 브랜드가 좋겠습니까?

Quelle marque vous me conseillez?

껠마흐끄 부므 꽁쎄이에

직역하면, '어떤 브랜드를 저에게
추천해 주시겠어요?' 이다.

✿ 이 가게에서 면세로 살 수 있나요?

Puis-je bénéficier d'une détaxe ici?

쀠쥬 베네피시에 된 데딱쓰 이씨

bénéficier de 혜택을 받다

✿ 여권을 보여주시겠어요?

Votre passeport, s'il vous plaît.

보트흐 빠쓰뽀흐, 씰부쁠래

✿ 비행기를 타기 전에 받으세요.

Récupérez-le avant l'embarquement.

헤뀌뻬헤르 아벙 렁바흐끄멍

280

Chapitre 07 여행을 마치고 귀국할 때

한국에서 떠날 때 비행기표를 예약해둔 경우에는 미리 전화나 시내의 항공회사 영업소에서 반드시 예약 재확인(confirmer)을 하는 것이 좋습니다. 공항에서는 2시간 전에 체크인 하는 것이 바람직합니다. 그래야 만일에 문제가 발생했더라도 여유를 가지고 대처할 수 있습니다. 또한 짐이 늘어난 경우에는 초과요금을 지불해야 합니다. 가능하면 초과되지 않는 범위 내에서 짐을 기내로 가지고 가도록 하며, 시간적 여유가 있을 때 사지 못한 선물이 있다면 면세점에서 구입하면 됩니다.

Unité 1 귀국편을 예약할 때

❁ 예약을 어디에서 합니까?
Où puis-je réserver?
우쀠쥬 헤제흐베

❁ 내일 비행편을 예약할 수 있나요?
Puis-je réserver pour demain?
쀠쥬 헤제흐베 뿌흐 드맹

❁ 가능한 빠른 비행기가 좋겠어요.
Je voudrais un vol dès que possible.
쥬부드헝 앵볼 데끄 뽀시블

dès que possible 가능한 한 빨리

❁ 다른 비행기편은 없습니까?
Vous n'avez pas d'autres vols?
부나베빠 도트흐볼

❁ 직행편입니까?
C'est direct?
쎄디헥뜨

✿ 인천에는 몇 시에 도착하나요?

À quelle heure arrive-t-on à Incheon?

아껠래흐 아히브똥 아인천

✿ 확인해 보겠습니다.

Je vais vérifier.

쥬배 베히피에

Unité **2** 예약을 재확인할 때

✿ 예약을 재확인하고 싶습니다.

Je voudrais confirmer ma réservation.

쥬부드해 꽁피흐메 마헤제흐바씨옹

confirmer 확인하다

✿ 몇 시에 출발하는지 확인하고 싶은데요.

Je voudrais savoir à quelle heure il part.

쥬부드해 싸부아흐 아껠래흐 일빠흐

✿ 2등석(1등석)으로 부탁합니다.

Deuxième classe(première classe), s'il vous plaît.

되지엠 끌라쓰(프허미에흐 끌라쓰), 씰부쁠래

✿ 예약을 재확인했습니다.

La confirmation est faite.

라꽁피흐마씨옹 에패드

✿ 문제없습니다.

Il n'y a pas de problème.

인니아 빠드 프호블램

Unité ③ 항공편을 변경 및 취소할 때

✿ 일정을 변경하고 싶은데요.
Je voudrais changer de vol.
쥬부드해 셩줴 드볼

✿ 오전에 자리가 있을까요?
Avez-vous des places disponibles pour le matin?
아베부 데쁠라쓰 디스뽀니블 뿌흐르마땅
disponible 비어있는, 여유있는

✿ 오후 비행기로 변경하고 싶네요.
Je voudrais changer de vol pour l'après-midi.
쥬부드해 셩줴드볼 뿌흐 라프헤미디

✿ 미안합니다. 그 편은 다 찼습니다.
Désolé(e). Le vol est complet.
데졸레. 르볼 에 꽁쁠레
complet 꽉찬, 만원인

✿ 웨이팅(대기자)으로 해 주시겠어요?
Voulez-vous me mettre dans la liste d'attente?
불레부 므메트흐 덩라리스트 다떵뜨
liste d'attente 대기자명단

✿ 얼마나 기다려야 할까요?
Il faut attendre combien de temps?
일포 따떵드흐 꽁비앵 드떵

✿ 예약을 취소하고 싶네요.
Je voudrais annuler ma réservation.
쥬부드해 아닐레 마헤제흐바씨옹

☀ 공항까지 부탁합니다.

À l'aéroport, s'il vous plaît.

알라에호뽀흐, 씰부쁠래

☀ 짐이 있으세요?

Avez-vous des bagages?

아베부 데바갸쥬

☀ 공항까지 얼마나 걸립니까?

Il faut combien de temps jusqu'à l'aéroport?

일포 꽁비앙 드떵 쥐쓰꺄 라에호뽀흐

jusqu'à ~까지

☀ 공항까지 대충 얼마입니까?

Il faut payer à peu près combien jusqu'à l'aéroport?

일포 뻬이예 아쀠프헤 꽁비앙 쥐쓰꺄 라에호뽀흐

à peu près 대충, 대략

☀ 빨리 가 주세요. 늦은 거 같아요.

Dépêchez-vous, s'il vous plaît. J'ai peur d'être en retard.

데뻬쉐부, 씰부쁠래. 줴뻬흐 데트흐 엉흐따흐

☀ 어느 항공사입니까?

Quelle compagnie aérienne?

껠꽁빠니 아에히엔

☀ 기사님, 호텔로 돌아가 주세요.

Monsieur, pouvez-vous retourner à l'hôtel?

무씨외, 뿌베부 흐뚜흐네 아로뗄

retourner à ~로 돌아가다

카메라를 호텔에 놓고 왔습니다.
J'ai laissé mon appareil photo à l'hôtel.
줴래쎄 모나빠헤이 포또 아로뗄

그곳에 중요한 것을 놓고 왔습니다.
J'ai laissé quelque chose d'important là-bas.
줴래쎄 껠끄쇼즈 댕뽀흐떵 라바

어디에 두었는지 기억하고 있습니까?
Vous vous rappelez où vous l'avez mis?
부부하쁠레 우부라베미

Unité 6 탑승 수속을 할 때

대한항공 카운터는 어디입니까?
Où est le comptoir de Korean Airlines?
우에 르꽁뚜아흐 드 꼬헤안 에어라인스

Korean Airlines의 발음이 영어와 불어의 중간 정도 된다는 것에 주의하자.

어기에서 체크인 할 수 있습니까?
Puis-je enregistrer mes valises ici?
쀠쥬 엉흐쥐스트헤 메발리즈 이씨

enregistrer 등록하다, 체크인하다

통로쪽(창쪽)으로 주세요.
Au couloir(à la fenêtre), s'il vous plaît.
오 꿀루아흐(오 프네트흐), 씰부쁠래

couloir 복도(쪽)
fenêtre 창문(쪽)

탑승 개시는 몇 시부터입니까?
À quelle heure commence l'embarquement?
아껠래흐 꼬멍쓰 엉바흐끄멍

출국카드는 어디에서 받나요?
Où puis-je avoir la carte d'embarquement?
우쀠쥬 아부아흐 라까흐뜨 덩바흐끄멍

✿ 꼭 그 비행기를 타야 합니다.
Je dois prendre ce vol.
쥬두아 프헝드흐 쓰볼

prendre le vol 비행기타다

✿ 공항세는 있습니까?
Est-ce qu'il y a une taxe d'aéroport?
에스낄리아 윈딱쓰 다에호뽀흐

✿ 짐의 초과요금은 얼마인가요?
Combien de supplément dois-je payer?
꽁비앙 드쒸쁠레멍 두아쥬 뻬이에

supplément 추가요금

✿ 이 가방은 기내에 가지고 들어갈 수 있나요?
Puis-je garder mon bagage à main?
쀠쥬 갸흐데 몽바갸쥬 아맹

✿ 231편 탑승 게이트가 여기인가요?
C'est la porte d'embarquement pour le vol 231?
쎄 라뽀흐뜨 덩바흐끄멍 뿌흐르볼 되썽트헝떼앵

Unité 7 비행기 안에서

✿ 탑승권을 보여 주시겠어요?
Votre carte d'embarquement, s'il vous plaît.
보트흐 까흐뜨 덩바흐끄멍, 씰부쁠래

✿ 입국카드는 가지고 계십니까?
Avez-vous votre carte de débarquement?
아베부 보트흐 꺄흐뜨 드 데바흐끄멍

débarquement 입국, 하선

✿ 이것이 세관신고서입니다.
C'est la déclaration à la douane.
쎄라 데끌라하시옹 알라두안

douane 세관

☢ 비행기가 인천에 언제 도착하나요?

Quand l'avion atterrit à Incheon?

껑 라비옹 아떼히 아인천

atterrir 착륙하다, 도착하다

☢ 제 시간에 도착합니까?

Est-ce qu'il va atterrir à l'heure?

에스낄바 아떼히흐 알래흐

☢ 목적지는 인천인가요?

Est-ce que votre destination est Incheon?

에스끄 보트흐 데스띠나씨옹 에인천

즉석에서 바로바로 활용하는

일상생활

영어

FL4U컨텐츠 지음

첫걸음

✚ 영어 초보자, 유학생, 여행객들의 필독서

✚ 일상생활에서 활용도 높은 문장 엄선 수록

✚ 초보자를 위한 한글발음 표기, 사전식 구성

원어민이 녹음한

mp3 CD포함